Kristus återkomst är både dold och uppenbar

Josef Ask

FSC
www.fsc.org
MIX
Papper från
ansvarsfulla källor
Paper from
responsible sources
FSC® C105338

Förlag: BoD · Books on Demand, Stockholm, Sverige
Tryck: Libri Plureos GmbH, Hamburg, Tyskland

ISBN: 978-91-8080-104-1

Förklaring till min boktitel

Jesus känns både som en omöjlig och möjlig person vilket man kan uppleva även med sanningen där man upplever bara endast livet och Jesus som bara en människa och vem som helst även om han verkar väldigt speciell. Men Jesus och sanningen känns viktig för många människor att utan dem faller allt. Sanningen är inte alltid skön och Jesus är inte alltid trevlig och snäll men präglad av kärlek och vishet och det rätta. Själva livet och få bara vara människa är den enda sanningen värd att försvara och en rättighet att få uppleva om man är sann och god och älskar Gud av det. Det känns som en bra kompromiss och mellanting av det. Man ska se Jesus som bara människa och kärlek som är härliga men är inte fullkomliga men kan bli fullkomliga. Jag tror Jesus har flera nivåer och karaktärer som människa vilket inte befinner sig i konflikt med varandra och han väljer själv vilken han vill vara som. En karaktär som är klassisk är att han är bara idealmänniskan men inte Gud och gudomlig som inte är så bara att de finns få idealmänniskor. Jehovas vittnen vars lära baseras mycket på Uppenbarelseboken menar att Kristus återkomst är osynlig där ärkeängeln Mikael är Jesus men han framträder inte som han. Jag upplevs inte identisk med den bibliske Jesus och man brukar säga att man känner igen han på sitt språkbruk och hur han förhåller sig till allt. Men jag ser mig som en Kristus på Swedenborgs nivå jag känner stark koppling till genom mitt liv som ibland kallas den andre Kristus. Känt är bland de som kan Bibeln bra att det finns en profetia i gamla testamentet att Messias ska heta Emanuel som måste handla om Emanuel Swedenborg. En Messias kanske betyder bara en smord, exceptionell vishetsmästare det kan finns flera av som upplevs messianska men myten säger att det finns bara en Messias eftersom han räknas som Guds son men inte Gud men lik Gud. Swedenborg säger ödmjukt att han är ingenting men bara en människa men ingen fullkomlig person och bara ett bra mottagningskärl för det gudomliga och andligt ljus han fick all sin vishet och upplysning från. Liknande syn har jag på mig själv som bara en extremt intelligent människa som står Gud nära genom tänkandet och hur jag lever. Dina tidigare ofullkomligheter ska inte definiera dig men bara guida dig och till slut glömmas. Swedenborg har den sunda uppfattningen att varje människa har en förnuftsgåva och en frihetsgåva och är ett bra eller dåligt mottagningskärl för gudomlig kärlek och gudomlig vishet som är livet självt och är krafter bakom allting som utvecklar människor. Min uppfattning är att lycksalighet i gudomliga sanningar och starkt intresse och kärlek till dem som upplevs geniala och mycket intellektuella vilket beskyddar och upphöjer gudomen leder till evigt liv, i stället för en persondyrkan av Jesus han känner sig bara besvärad av som är ett tecken på att man inte förstått hans budskap och undervisning som handlar om att leva med Fadern i sitt liv och behandla sina medmänniskor mycket väl. Tänkandet och det intellektuella är mycket viktigt för Herren är det upplysta intellektet som gillar en hög nivå i syn på allt. Det gudomliga och kraften blir lättare förstådd och upplevd genom en människa som gör Guds vilja, men en del förstår och upplever det ändå som söker och finner det direkt via Gud och tillgång till dem via livet och Gud har en förmåga att uppenbara dem ensam för människor som söker Honom. Den högsta nivån av Jesus är när han ger intrycket att ha extremt djup vishet och han förhärligas av det innersta och framstår som Herren människor pånyttföds i det inre och förhärligas av själva som den messianska gudomliga verkligheten uppstår med tiden av. Men detta är en dröm att uppleva i världen men verklighet i himlen.

Denna bok präglas av mina tankar och reflektioner där jag bara söker efter sanningen efter ljus och lykta där det rimliga och vackra är viktigt för att finna det sanna att jag och andra tror på det. Jag försöker väcka människors tankar och drömmer som leder till ett uppvaknade bland dem. Det jag tror och det som är sant är inte identiskt för mig. Men djup vishet jag har känns handla om något sant. Vishet är att inse att det finns sidor med allt och att allt verkar i en dualitet. Kristus kommer inte tillbaka i den roll och form han hade i Israel för mer än 2000 år sedan. Världen är för fallen och modern för det och Gud vill inte tvinga sig på eller bruka våld för att driva sin vilja igenom bland människor. Men systemet i världen bryts ner av sin egen ofullkomlighet. Det är i stället det uppenbarade Ordet när det har något att säga av Guds utvalda profeter som är Kristus andra återkomst som bidrar mycket med människors andliga utveckling och vishet i den sista tiden. Kristus är inte bäst på allt men bäst i den roll och form han har som bara vishetslärare och frälsare. En del menar att han är bara en idealmänniska och en ärkeängel som är extremt intelligent och står Gud närmast genom tänkandet som en örn. Han kallas den rättfärdige men inte den fullkomlige i Bibeln. Att man är rättfärdig betyder att man är fullkomlig eller perfekt som inte ens skapelsen var från början men det var mycket gott.

Inledning

Från tidigaste begynnelse har människan varit medvetna om gudomen och dyrkat den på sitt sett utifrån sin intelligens och förståelse som de trodde sig ha om sin skapare. För dem var Gud ett mysterium som det fortfarande är idag trots all vetenskap. Vi har inte kommit närmare Gudomen i modern tid snarare tvärtom alltså längre från den. Vilket kan verka paradoxalt. Vi kommer längre från ursprunget genom all teknisk utveckling som gått till överdrift. Meningen med livet är att finna Gud man kan finna i själva livet, mittpunkten i solen i Ordet och i ordningen och de upplevda himlarna. Man kan även finna Honom i upplevelsen av kärleken och visheten det upplysta intellektet och det universella förnuftet och upplevelsen av Jesus som härlig människa. Därtill i upplevelsen av det himmelska och det gudomliga då det positiva kommer fram i allt och man upplever det som Gud som himmelsk människa.

Om ingen läser böcker så är de värdelösa men det är människors plikt att läsa rätt böcker då de blir värdefulla. En del upplever mer liv i tänkandet när de inte läser och för en del är det tvärtom. Det finns en uppfattning att bokstaven dödar ibland men anden ger liv men den som undervisas ur Ordet på rätt sätt undervisas av Herren och upplever något av det. Det är alltid viktigt att läsa böcker i både världen och i himlen. Men ibland lär man sig mer av tiden och bildade människor än av böcker. Alla läser inte böcker men det finns många förborgade hemligheter i dem som inte är att förakta. Det är bara genom mysterium och galenskap som själen inom en blir uppenbarad när den blir upplyst. Att läsa gamla böcker som är mästerverk är som att ha en konversation med de finaste tänkarna i historien. Författare delar med sig ofta sin syn på sin inre värld och hur de vill världen ska vara och förväntar sig att få mycket uppmärksamhet för det. Människan ser världen efter vad som finns i hennes hjärta och drömmar och hur de upplever nuet. Där

din skatt är som kan vara en lyckad partner och ett lyckat liv där
kommer ditt hjärta vara. Eftersom Herren är det upplysta intellektet ska
man själv sträva att bli upplyst i intellektet man blir av filosofi och
Swedenborgs skrifter. Jag är påverkad av himlens ljus i mitt liv som är
min huvudkälla för min upplysning i livet. Man kan bli en vishetslärare
av det som kan undervisa andra och lära sig briljera i samtalskonsten
vilket upplevs som ett livets träd genom visheten. Sanningen gör en fri
men då måste man upptäcka den rätta sanningen och det finns en
sanning om allt och all sanning gör inte en fri. Det betyder för att bli fri
måste man ständigt söka efter sanningen som en vishetsälskare och
filosof. Jag är bra på att känna igen det som är rimligt, sant, vackert
och ibland otroligt som kännetecknar det sanna som ibland är förborgat
men blir uppenbarat av mig. Lita mer på en person som söker
sanningen genom reflektioner än person som säger den funnit den rätta
sanningen. Ibland kan det upplevas och är sant att jag profeterar.
Reflektioner som verkar sanna är trevligare än påståenden som gör
anspråk på att vara absoluta sanningar där det finns inget utrymme för
diskussioner om det.

Reflektioner om mig själv och livet.

Mänskligheten lider av att leva för mycket av förnuftet och för lite av det som kan bli bara bra med den galna kärleken all genialitet kommer ifrån. Livet upplevs som en dröm för den vise ett spel för dårar en komedi för den rike och en tragedi för den fattige. Meningen med livet i grunden är att finna Gud i det och andlig och fysisk överlevnad där man har möjlighet att skapa mycket sin egen mening med det. Meningen med livet i ett avseende är att skapa ett värde genom ditt syfte och uppdrag genom konsten mycket och ta hand om din naturliga miljö. Att förstå och prata om det och lyssna på musik och njuta av schacket där jag lever livet genom livet fyller min mening med det där jag har drömmar. Jag både ser och inte ser Gud för det är bara Gud i ett avseende som själva livet. Genom erkännande ser och upplever man mer och kan se och uppleva mycket mer om Gud tillåter. Att uppnå nirvana är inte att sluta leva utan börja leva på riktigt. Nirvana präglas av aktivitet, full frid och strävan efter att uppnå fullkomligheter och djup förståelse av allt. Jag inser att många av dina problem uppstår av att du tar livet på för stort allvar. Den som tar sig själv och livet på ett för ett stort allvar blir båda ett skämt och något väldigt misslyckat. Du är inte rösten inom dig i ditt förstånd utan bara den som är medveten om dem om du upplever en själ som inte alla gör. En del säger att jag var lite snyggare som ung utan glasögon men att bejaka kärleken är som att sätta på sig ett par utmärkta glasögon. Jag kan upplevas avskärmad och illusorisk att jag är där utan vara där av min högre förståelse. Jag tror narcissister både älskar och hatar sig själva. Jag gillar trevliga narcissister som är idealister och visionärer och drömmer om ett bättre liv och sitt eget självförverkligande. En negativ narcissist är någon som vill att du ska ge upp allt och vara deras ingenting. En positiv narcissist är tvärtom som vill du ska vinna allt och vara någonting för dem. Jag är en positiv seminarcissist. Man säger ibland att narcissister är som ett pussel med saknade bitar ofullständiga och fragmenterade. De arbetar med något de aldrig kan lyckas med världen. De är besatta av att förbättra sig hela tiden som egna filosofer och bedjare. Gud sade älska din fiende och jag lydde honom och började älska mig själv. De säger att sin största fiende är många gånger dig själv som förstör sig själv genom att försöka förstöra andra och för sig själv. Man älskar sig själv mycket genom att försöka förstå sig själv och andra och inse sin egen och andras sanna potential och möjlighet till förlåtelse hos Gud.

Det är ingen större sorg att försöka uppleva lycka i ett elände. Optimism i ett mentalt elände är galenskap då man angriper problemet fel att lösningen finns bara i terapi och kontakten med Gud. Men rätt musik blir jag alltid lycklig av. Det finns en lycka att acceptera och älska allt som det är hur eländigt det än är om man inte erfar det på det mentala planet.

En del säger att lagom är bäst och den gyllene medelvägen är den bästa vägen. Jag gillar lagomfolket som mår lagom bra. Det är lagom trevligt med en lagom glädje. Hela tillvaron ska vara lagom rolig i en lagom känsla av en lagom härlig livslust. Att sluta leva med ett brustet hjärta är mycket att sluta vara så fåfäng men det är svårt för en del som söker lycka och bekräftelse i skönheten hela tiden. Låt aldrig ditt liv i världen som kan vara tragiskt och ett elände definiera dig för dig själv även om många andra definierar dig mycket efter det. Lycka är hur det strålar om dig när du mår bra. Det är det bästa jag vet. Detta uppstår när du älskar livet och är vän eller inte fiende med Gud som är att vara fiende med det goda som är orimligt. Man kan bara älska Gud genom att uppleva Honom första Honom och få något av Honom och det likadant med kärleken till människor. Man älskar människor mycket genom den förståelse de visar och ger och att de bryr sig.

Många människor uppnår en tro på Gud genom att gå mycket i kyrkor och vad de upplever där men det är inte starkaste tron man uppnår bara i en frälsningsupplevelse, där man erfar att paradiset börjar i helvetet. Man utvecklas bara socialt hur man uppför sig rätt bland andra genom relationer och kontakten med andra människor. En del anmärker hur jag uppför mig ibland och hanterar saker som präglas av att jag är ingen pedant och skiter i det mesta ändå ser mig Gud som en form av idealmänniska som gillar min form av brutalitet som är praktisk. Jag är generös och bjuder på mig själv i komplimanger och ekonomiskt men jag präglas av att jag inte gör ingenting för andra människor för jag hatar dem i ett avseende och vill att de ska klara sig själva och inte vara beroende av mig. Jag har en ytlig syn på mig själv men en djup syn på världen och livet. Genom att inse sin mentala sjukdom kan man bli frisk från den om man förstår den och hur den påverkar en mentalt i tänkandet. Konsten är väldigt viktig för mig jag ser i allt. Konsten imiterar livet och livet imiterar konsten. De kan samexistera som ger upphov i en kohesion och spänning i det. För en del är konsten livet och för andra är att leva en konst. Vi har konsten för att stå ut med det hemska i livet och även uppleva det härliga i livet. Du måste passera konsten innan konsten kan passera dig. Konsten utökar livet. I himlen är sex en konst alltså vackert det kan bli bara av kärlek i det.

De säger att Gud är den störste konstnären och är både autistiskt, schizofren och bipolär på ett friskt högfungerande sätt. Jag hård men rättvis med en intelligent charm och humor. Jag kan uppleva kärlek och sex men kan upplevas hämmad och helt galen i det men kan behärska mig i det. Upplevd besvarad kärlek får allt att kännas verkligare.

Världen begränsar människan men Herren befriar henne och gör människor aktiva och kreativa. Men många människor tror det är tvärtom och de vet inte vem Herren är så länge han inte uppenbarar sig för dem, så man kan inte klandra dem för det. De lever som världen är den enda världen och Herren finns inte men upptäcker honom ibland genom Jesus. Gud är närvarande i hela världen ända finns inget av världen i honom. Att denna värld är inte av hans rike. Livet börjar först med Gud. Livet kan aldrig bli harmoniskt utan Gud. Den som ser och upplever det yttre är drömmande och den som ser det inre upplever ett uppvaknande. Jag älskar musik och blir lycklig av den. Ibland känner man att man måste vara ensam med musiken att med andra upplevs det alltid som delade upplevelser som ger en annan upplevelse av det än man erfar den för sig själv. Min favoritmusik har mycket med vem jag är och vad jag vill göra och uppleva och vad jag vill få bekräftat och uppnå. Jag har vidsträckt smak för musik. Människor med bred och bra musiksmak har ofta rätt attityd och personlighet till allt. Vad man gillar för musik speglar mer än man tror om sig själv. En del säger att tänker för mycket på sex och har en dröm om upplevd skönhet i mig själv och andra. Man kan upplevas knäpp om man skriver samma saker om och om igen som jag gör ibland men jag kommer nästan alltid med något nytt i det då det upplevs intressant ändå. Man kommer stöta på en del återupprepningar i min bok men det är vissa idéer, begrepp och sanningar som jag försöker slå in i läsaren.

Men för att återvända till mig själv jag skulle beskriva mig själv som en lugn och skön behaglig och dömer ingen präglad av Guds humor men kan även upplevas enkel och mållös som en tråkig tönt. Man anses knäpp och överintelligent när man ger intrycket att man förstår allt men bryr sig om någonting i ett avseende. Genom att känna sig galen som kärleken känner man sig fri att göra det man vill göra. Jag älskar kaffe som är en andlig kärleksdryck som är nyttig i världen. Vad andra säger om dig angår dig inte men andra dömer dem efter det. Jag uppmanar andra människor att göra vad de vill bara det finns godhet i det och följa sina drömmar och vara medvetna att Gud arbetar med deras högsta önskningar. Swedenborgs lära vänder sig främst till människor som upplevt helvetiska tillstånd men alltid varit sökare och drömmare. Jag skulle beskriva det som andlig skolning för att nå kunskap om en högre värld som handlar om att det bästa livet ska segra till slut.

De säger himlen att jag är lik mytomspunne Bobby Fischer världsmästare i schack 1972 även en del som känner mig bekräftar även i världen. Han ansågs vara både ett geni och en idiot och vara excentrisk och exceptionell. Han har sagt en del väldigt smarta saker. De som kände honom upplevde han som ett sant geni man inte alltid behöver kommunicera med att han förstår dig ändå. Han kunde ha stundtals ett briljant språkbruk. En del menar att Bobby Fischer var kräsen och sexuellt pervers och blyg för kvinnor han inte alltid hade så höga tankar om alltid. Men för att återgå till Bobby Fischer de säger att han var väldigt ensam och inte social som var en av hans tragedier i livet i världen. Men har man en hög nivå på sitt tänkande trivs man ensam och brukar bli ett geni på ett område som i hans fall var schack. Jag tror Bobby Fischer genomskådar det moderna schacket på den högsta nivån och hatar det. Det handlar för mycket om memorering och för lite om kreativitet i hans syn på det. Känt är att schack utan misstag blir ointressant. Det är utforskat för mycket att det blir inte roligt längre. Enda räddningen för schacket på världsnivå är om man kan få bort fusket och bara spela snabbschack som är mer publikvänligt. En del upplevde mig som geniet och monstret för länge sen och en otäck jävel som gav intrycket av ett otroligt djup som levde i en trevlig värld en del har upplevt för Herren har uppenbarat den för dem men vanligen ingen värld någon annan lever i. Men jag har arbetat mycket med min bättring, pånyttfödelse och frälsning. Den som arbetar ständigt på sin bättring bli fullkomlig till slut som ger förmåga att uppleva fullkomlighet. Vissa brister är nödvändiga hos alla individer för att existera och känna existensen i livet och för att ha något att arbeta med. En vis man inser även att den är även en idiot men det gör inte en dåre. En vis man kan förändras men en dåre förändras aldrig. Jag känner att jag passar aldrig helt in bland människor och miljöer som är av mina bästa egenskaper som gör mig observant och har bra koll på allt runtomkring mig. Det får mig känna mig unik och att ingen är som jag. Det uppmanar att vara sig själv alltid att allt annat är upptaget. Jag kallar mig ibland för geniet och idioten. Jag kan ge intrycket att vara både en ond och god som människa vilket har min syn på rättvisa och som har en ide om en okänd fullkomlig värld främst hur man upplever den vilket har en skön syn på allt och vill att det bästa livet ska segra för så många som möjligt. Att få vishet från Gud och bli visheten förkroppsligad ger en skön känsla i kroppen och en enorm förmåga vilket känns som en slags förbindelse med Gud men utan ett språk och *man bildar sig och tänker på ett visst sätt har man inte så stor nytta av det. En slav är människa i världen som inte kan uttrycka sina tankar på bästa sätt och lider av det. Man kan bota det genom att läsa och bilda sig och praktisera språket. I himlen har de en förmåga att tala som de tänker motståndsfritt. Men alla får något av Gud genom upplevelsen av livet och sin vishet och intelligens som utgör människan som det finns metoder att förbättra.*

Materiens och skapelsens roll

Filosofen Fredrich Hegel tolkar att Gud som världsande måste ha en skapelse för att ha något att förhålla sig till i världen och även himlen om det finns för att inte bara sväva omkring i tomma intet. Hegel ser verkligheten man upplever Gud är en del av som ett mysterium som består av både en enkel och svår sanning. I Swedenborgsläran kan man finna att Swedenborgare gör den tolkningen att skapelsen i himlen är förenad med det gudomliga. Detta innebär inte att den ska bli ett med Gudomen som bara verkar genom det gudomliga. De argumenterar denna ståndpunkt att konstnären kan inte bli konstverket. Det goda uppstår av fullkomligheter och kraft i skapelsen man upplever även i himlen.

Gnosticismen som är lära jag finner intressant uppstod bland kristna i Egypten 100 efter Kristus. En del tycker den är lite otäck för den anser att den gammaltestamentliga skaparguden är även identisk med djävulen som skapar både det extremt vackra och fula i världen där det materiella är bara nästan till ondo. Enligt läran finns det en högre okänd Gud Jesus tillhör ingen kommer i kontakt med som kan få allt upplevas fullkomligt i en mer andlig värld där materien är reducerad till minimum, Detta är ungefär som jag upplever redan i världen genom mina sinnen. Min föreställning i denna okända andliga värld är att det verkar från det innersta till det yttersta samtidigt i allt vibrerande och levande och en kraft i allt som det uppstår en perfekt helhet som har en oändlig variation vilket genomlevs obegränsat som är inget man upplever i världen. Swedenborg menar att man kan inte lösgöra sig från materien att sanningen måste levas med materien och att Gud bor i materien men talar ibland om upplevelsen av andlig materia när ande och materia suddas ut till ett. Att man reducerar materien till minimum har mycket med att man ignorerar och upplever hur Herren genomströmmar den andliga världen och har en förmåga att uppleva allt annorlunda med sina sinnen där det inte upplevs materiellt i det materiella och är ungefär som jag upplever det som en jordisk ängel. Det gör mig mer observant där jag bättre koll på allt som sker runtomkring mig. Man är präglat av ett andligt och intelligent tänkande där man tänker mer efter de andliga och fysiska egenskapernas förhållande till sanningen som finns överallt som gör att det upplevs mindre grovt och dunkelt.

Min andliga värld

Kulturen i världen har gjort den avförtrollad att man förlorat tron på Gud i den. Världen behöver bli mer förtrollad då den upplevs mer helig och spännande. Men det är mycket i den här världen som övertygar människor att Gud inte finns men har Gud uppenbarat sig och talat till en vet man att Han finns. Swedenborg säger att inom varje människa har det funnits en röst som säger att Gud finns och han är en. Att tänka bara från naturliga ögon stänger förståndet men att tänka från andliga ögon öppnar förståndet. De säger man måste uppleva ett uppvaknande för att få andliga ögon då man blir aldrig mörk igen i sina sinnen och som människa. Jag upplever mycket närvaro, medvetande och skönhet. Mitt liv präglas av bättring och undran och att livet upplevs som en dröm för mig. Jag älskar materien i sitt innersta väsen. Den är paradisisk i en naturmystik. Jag försätter mig ofta i ett drömlikt tillstånd och försöker erfara det Swedenborg upplevde ibland. Det innebär att se allt med andliga ögon och upplevs som ett uppvaknade. Men min okända andliga värld är mer rotad i naturmystiken. Swedenborg är lite främmande för naturen och det syns i hans himmel när han beskriver den i hans skrifter. Jag gillar uttrycket att ha huvudet i himlen och fötterna på jorden som känns fullkomligt och hur Jesus och Swedenborg upplevde det i världen. Det verkar rimligt och vackert och sant att man måste leva i en fysisk värld och en andlig värld samtidigt men de kan upplevas väldigt annorlunda i världen och i himlen. Verkligheten är alltid rum tid och materia i grunden som gör att det upplevs stadigt, oändligt och levande och man lever i ett universum på en jordklot där man upplever en sol allt liv är beroende.

En bekant tolkade Swedenborgs påstående att åldras i himlen är att bli ung måste handla om fysisk kropp i en fysisk värld vilket upplevs som en andlig värld och fungerar annorlunda. Det finns en uppfattning bland filosofer att allt man kan föreställa sig är verkligt och det man inte kan föreställa sig är inte verkligt och man kan inte föreställa sig ingenting, Din föreställningsförmåga om den är bra tar dig överallt som omsluter din värld men inte universum. Man kan inte vräkas ur sina sinnen från verkligheten man befinner sig i. Ingenting försvinner utan allt bara förvandlas och förädlas. Det ändliga har en förmåga relatera med det oändliga som är något jag tror man upplever i både världen och himlen vilket har att göra att det upplevs alltid förgängligt och oförgängligt. Det som har sin tid och det vilket upplevs evigt.

En enbart virtuell värld upplevt bara med sina sinnen utan rum och tid och en fysisk kropp och värld känns inte attraktivt. Swedenborgare ser ofta bara den andliga världen som en extremt vacker natur och drömvärld. Swedenborgs skrifter speglar den uppfattningen. Den är mest rimlig och lättast att föreställa sig. Hans beskrivningar kommer inte från att observera naturen i världen utan få kunskap om naturen i himlen genom ingivelser och syner kan man säga. Han beskriver det väldigt vackert ibland. Men Swedenborg säger även att himlen var så vackert när han upplevde det att det gick inte att beskriva så hans beskrivningar är inte helt tillräckliga men intressanta. Naturen och det naturliga är den bästa formen av det gudomliga om det förenas med det spirituella och upplevs som en andlig värld bara i samband med att Herren genomströmmar den som ger själ till universum flykt till fantasin vingar till sinnet och liv till allt man upplever en sfär av i musiken men en sfär är bara ett litet område av helheten. Swedenborgs klassiska idé är att allt i den naturliga världen motsvaras av något i den andliga världen. Man kan se det mycket som två olika mentala tillstånd som skiljer sig mycket från varandra där allt finns i den andliga världen man finner även i den naturliga världen. Livet handlar mycket om att uppleva korrespondens med allt. Utan det rätta förhållandet och upplevelsen mellan den naturliga världen och den andliga världen hemfaller många till en form av Guds förnekande naturalism, samtidigt kan man uppleva det som i himlen redan i världen men det kan upplevas lite likt där genom att uppleva mer genomströmning.

Man kan uppleva att vara överallt är att vara ingenstans som att uppleva att vara ingenstans kan upplevas vara överallt. Det har att göra med kroppen och sina sinnen. Att förflytta sig i den andliga världen sker både med kroppen och genom att ändra tillstånd som sker bara i sina sinnen som handlar om extremt bra föreställningsförmåga och hur saker och ting uppenbaras för en i himlen bara man tänker på det. Den som inte upplever någon korrespondens med himlen och har något änglalikt i sig som människa kommer aldrig ditin. Jag befinner mig ofta i det innersta i mina tankar då upplevelsen av det yttre och det yttersta blir positivare av det. Det är en upplevelse av en andlig värld främmande för en del som inte finner Gud i det innersta. Värt att nämna att det finns ingen lära, tro eller religion förutom kärlek och vishet och sanningar i den andliga världen där man bara upplever livet. Religion där från världen upplevs bara intressant för sin historia och hur det speglar en del av Guds väsen.

Min kärlek till Salomos vishet

Kung Salomo fick önska sig vad han ville av Gud i världen och han önskade sig vishet och förstånd som gjorde Gud glad och att han fick både intelligens och djup vishet för utan logik man inte vara vis. Jag är djupt imponerad det kung Salomo tecknat ner om livet i predikaren och alla hans ordspråk. Jag ser han som den första filosofen. En kristen beundrare har sagt att det där har ingen människa skrivit. Man kan utöva hans skrifter som en religion och är väl en form av judendom. En period i mitt liv djupstuderade jag hans skrifter och fick själv vishet av Gud av den beundran av honom. Salomo ska vara den visaste människa som levt på jorden att ingen ska komma före eller efter som var så vis som han. Salomo har fått så mycket vishet av Gud att han betraktas vara visheten förkroppsligad. En del säger att min vishet ibland påminner om hans. Jag tror Salomo ansåg livet mystiskt och vackert att det finns något att lära om alla och allt. Han menade livet i världen präglades av tomhet, förgänglighet, fåfänglighet och ett jagande efter vind utan att aldrig uppnå evig lycksalighet som i himlen. Det säger för att uppleva innehåll och lycka på rätt sätt måste man ha erfarenhet av motsatsen. Salomos vishet bekräftar mycket Swedenborgs idéer. Till ett exempel att man kan vinna odödlighet genom både rättfärdigheten och visheten och att det finns inget bättre än att äta och dricka och njuta sitt liv med en partner man älskar som Swedenborg menar är en sanning och något som även förekommer i himlen. Jag inser att kärleken och erkännandet måste komma från människorna till Herren först som får kärlek av Gud i form av liv och allt det andra senare. Utan Herren kan de inget göra. Helvetet och himlen finns redan på jorden som Swedenborg insåg med sin uppenbarelse och uppvaknande. Världen är orättvis men Swedenborg talar inte så mycket om detta och menar att den gudomliga försynen gör allt till det bästa och alla människor har förmåga att bli lyckliga, fast vi ser olika ut och lever olika liv. Någon har sagt att Salomos vishet var värdelös för världen men inte för att attrahera kvinnor. Känt är att kung Salomo hade många kvinnor som älskade honom för hans rättvisa, vishet och skönhet. Men jag själv finner mycket guld i hans skrifter som är mycket värdefullt för sina insikter om livet, naturen, Guds rättfärdighet och himlen. En del är mer imponerade av Salomos vishet än Jesus vishet. En man kan inte kontrollera en kvinna men Salomo kunde kontrollera 1000 kvinnor men bara tre barn som vittnade om hans djupa vishet. Att hantera kvinnor är svårt men de var fascinerande av hans vishet varför de gjorde aldrig uppror mot honom.

Gamla minnen från min ungdom

Psykiatrin är djävulsk därför man inte kan förena den med det gudomliga. Man blir avstängd och som en zombie av psykmediciner. Det är inte konstigt att man blir psykiskt sjuk av det här hårda samhället och alla ondska som finns i världen som är ett tecken på att man är frisk. Galenskap är ovanligt hos ensamma individer men är en regel hos majoriteten. Schizofreni är en överaktivitet mellan hjärnhalvorna som kan vara både positiv eller negativ att man upplever det gudomliga eller det djävulska men det är bättre än att vara mentalt död man blir av medicinerna. Swedenborgs uppenbarade sanningar befriar en från schizofreni och gör en väldigt klarsynt. Men ensamhet som väcker tankar kan ibland upplevas dansa både med djävulen och Gud när man lyssnar på dem.

Det kan upplevas lite osammanhängande ibland på Facebook att det är bara som olika slumpartade inslag utan en röd tråd även om det har ofta något att säga om livet och världen. De säger om internet stängdes ned i världen skulle det ha en negativ och positiv verkan precis som nu. Jag tror allt handlar om nätverk och gemenskap för ett förverkliga Guds rike på det sociala planet och förmåga att förstå och kunna kommunicera med varandra men man lyckas med det utan teknik i himlen. Att vi skulle fastna i våra liv på sociala medier i världen är antikristligt. Men det finns troligen en motsvarighet till det i himlen i någon form, som upplevs mycket mer levande och intressant. Sociala medier är positivt för ensamma isolerade människor men det är inte så bra att byta ut det mot att man har vänner och upplever ett socialt liv. Min Pappa kallade Facebook för bajsbook och sade lite skämtsamt att Jesus är med på Facebook genom mig utan att tro att jag är han eftersom han känner mig. En bekant som är mot Facebook av principskäl att det är att ta parti för ondskan i världen sade att till och med Adolf Hitler skulle ha gillat Facebook men jag ser en viss potential att upplysa och skriva intressanta saker där. Men jag har stor glädje av Facebook att skriva intressanta inlägg och lyssna på musik på Youtube. Man kan säga att vi lever i ett stort informationsflöde i världen men hungrar efter kärlek och vishet och upplevd kraft från Ordet. Man brukar säga att vi har kommit på allt vi behöver i den moderna världen men inte det rätta sättet att leva och vi kanske kan aldrig lära oss det i världen. Det tar tid att leva på riktigt precis som all konst måste man fundera mycket över livet för att upptäcka det rätta sättet att leva och tänka om det. Jag upplever mycket vishet i mitt liv men inte så mycket kärlek men livet blir bäst när de förenas. De säger att älska Herren innebär att älska visheten för han är visheten och kärleken. Jag ser mig som en filosofprofet som betyder att jag är en vishetsälskare och sprider Guds ord och lever som en profet. Jag finner mycket vishet inom gammal filosofi som jag utvecklar med min egen vishet. Jag ser sann filosofi och djup vishet som förnuftets upphöjelse för att nå Gud man kan uppleva en väldigt hög nivå av som genomlevs både behaglig och genialisk i sitt tänkande. De bästa filosoferna och filosofin är lika viktig som Bibeln om inte viktigare för att det är ofta mer klarsynt och tilltalar förnuftet i större utsträckning. Jag ser kung Salomo som den första filosofen som gör att jag värderar hans skrifter högst i Bibeln. En filosofs tänkande präglas av undran som är ett slags sökande i livet då man ofta upplever genialitet och rimliga genomtänkta påståenden man betraktar som sanna.

En rolig, fyndig och intelligent person i mitt liv

Jag kom ihåg att jag var hemma hos Lasse Häger på 90-talet och kollade på porrfilmer och han rökte pipa och sade ärligt att han skiter i allt och alla. Att man skiter i något betyder inte att man förnekar det som är ännu starkare. Att man skiter i något är att man erkänner det och kan förstå det men bryr sig inte om det. Det är ett sätt att förhålla sig till allt som kan upplevas behagligt och väldigt intelligent men kan även upplevas knäpp av det. Det betyder nog bara att man gör vad man känner för och löser allt och stark integritet som visar hänsyn och respekt mot andra och man vill uppleva ett spel och trevligt umgänge men bryr sig inte om det onda i fenomenvärlden. Man ser allt som det är och bjuder ibland på sig själv i beundran när det förtjänar det och gör oftast vad man känner för. Men jag har den synen ibland att det är omänskligt att bry sig om allt och alla och även att man skiter i allt och alla. De som tänker på en hög nivå noterar mycket och har koll på mycket samtidigt skiter i mycket. kan tolkas att man vill vara fred och leva sitt eget liv där man inser att man kan inte göra så mycket för andra människor att det hjälper inte. Man löser allt och samtidigt löser ingenting. Det tyder på djup förståelse av allt men man har en begränsad förmåga för allt. Man kan framstå både som ett geni och en idiot av det. Man vill inte känna sig besvärad och tycker det mesta är ointressant för att man ser igenom det så mycket.

Genom telepati sade jag till en granne att han körde bil bra fast han körde ganska vårdslöst. Då sade han du är ju precis bäng i huvudet. Jag tror han tyckte som ung att det var roligt att köra bil. Jag försöker vara lite självironisk och rolig utan att håna mig själv. Han var talangfull i fotboll som ung och hans far sade att IFK var lite intresserade av honom på början av 80-talet. Jag tror Lasse Häger sagt om mig till sina kompisar vilket kände till mig lite grann att där har du en riktig psykopat. Han sade att det är många som bråkar mig dem på grund av deras avvikande beteende men att de skiter i det. Jag tänker som en psykopat samtidigt inte och därför menar en del att jag är bara delvis en psykopat, men jag drabbar ingen människa som en psykopat därför menar en del att jag är ingen psykopat. Tankefrihet råder men inte allt man gör i alla samhällen. En psykopat förstår mer och mindre och känner mer och mindre och har både bättre och sämre kvalité på sina tankar som påverkar den upplevda livskvaliteten. Det finns många olika typer av psykopater som är unika fortfarande som individer som alla har något gemensamt att bryr sig inte så mycket i ett avseende. Man kan kallar inte människor för psykopater längre inom vården utan det betraktas som en antisocial personlighet som tänker på ett vist sätt kartläggande och manipulativt och är mot samhället och människor generellt vilket de betraktar som onda och icke fullkomliga. De kallas ibland för ensamvargar och iskalla avvikare som känner sig ofta som missförstådda genier vilket kan vara trevliga och charmerande om de är intelligenta men de gör inte så mycket för andra människor praktiskt men har ofta bra idéer. Frälsta psykopater som kan bli väldigt fina människor och konstruktiva för sig själva och andra människor men psykopater som inte frälsta brukar vara destruktiva för sig själva och omgivningen. I psykopati ingår en sexuell pervers ådra man kan uppleva variation i som är avvikande från det normala men kan upplevas rätt för dem. Kung David betraktas ibland en del kristna som en psykopat som både fick nåd och blev straffad av Herren för sina gärningar i Israel. Messias kallas son av David och är bror med kung

Salomo genom det. David fick ett löfte av Herren när han levde om ett evigt rike och Gud håller alltid sina löften.

Lasse Häger sade en gång spontant att man får vara glad att man lever. Att lida utan att klaga är en ibland den enda lektionen många människor lärt sig i livet. En del tycker jag är lik Lasse Häger. Han brukade säga hyve piäve till andra på krogen som betyder goddag på finska. När jag var hemma hos honom på slutet av 90-talet sade han ska du ha en kask som är kaffe med sprit de drack mycket i gamla tider bland arbetare. Genom telepati sade en före detta medlem i brödraskapet att han är den enda i mitt liv som skulle passa ihop med dem. De är jävligt hårda och håller ihop i vått och torrt och gillar både hårda och sköna sanningar men de tolererar inte svek bland dem. God forgives we dont. De prövar sin hårdhet för att komma in i deras sällskap genom lidande och förmåga att stå ut med det. Jag minns att Lasses reaktion när jag ville umgås lite för mycket med honom gör vad fan du vill som låter hårt men kan även tolkas uppmana en människa att följa sina drömmar. Jag hade en dröm att Lasse var hotad med ett hagelgevär och han svarade skjut då så jag slipper se dig. Han är både hård och mjuk som människa. Även jag är både en hårding och en mjukis att jag kan umgås med både hårdingar och mjukisar utan att de störs på mig att de inte tycker jag förstår dem eller upplever mig tråkig. En del upplever att jag är behaglig och dömer ingen som får förtroende för mig som en vän.

Jag har sett våra namn på himlen i Norrköping och jag fick intrycket att Gud tyckte att jag och Johanna Ringborg är de finaste människorna som levt på jorden som slags idealmänniskor men en del tycker motsatsen ungefär som satan och Gud ser på varandra och onda och *goda människor upplever med varandra som sina värsta fiender. Jag visade en bild på en ung Johanna Ringborg för Lasse och han sade vilken donna att hon var en jävligt snygg tjej. Han tolkade lite skämtsamt att vi är utvalda. Men det har gått en del rykten om henne och de säger att rykten innehåller viss sanning att hon levt som stor sköka. Lasse sade bara om jag skulle bli tillsammans med henne att det skulle kännas gött på ett obekvämt sätt med tanke vad hon hållit på med. En väldigt syndig människa föraktad för det bland andra kan vara ett offer som blivit ett odjur det är mycket synd om som behöver mycket kärlek och förståelse. Hundar som är snälla kan äta ihjäl sig om de har tillgång till mycket mat och en fin människa kan ibland inte få nog av sex om den har lätt att få det. Synder Gud förlåter kommer han inte längre ihåg och jag är präglad av samma mentalitet. Vår förening var en helig graal som inneburit en andlig förvandling för oss själva och andra. Det är en gammal sanning och kanske inget som är aktuellt eller möjligt idag. Hon är bara en bekantskap från min tidigaste barndom. Gud har sagt att jag är fri lagen och kan aldrig kan bli dömd och det kan gälla även Johanna Ringborg som lidit lika mycket som jag mentalt av omgivningen. Johanna Ringborg har sagt att Mikael Bergvall var hennes livs kärlek samtidigt att det präglades mycket bara av sexuell attraktion och jag är en liknande upplevelse av Anna Een. Vi var fyra ganska snygga och smarta människor i vår ungdom som kunde upplevas väldigt snygga och sexiga i några perioder i våra liv. Jag har upptäckt likheter med våra namn. Ringborg och Bergwall har sin likhet med samma antal bokstäver som Ask och Een som är två träd med tre bokstäver. Johanna och Anna är likande namn och de har även likheter som människor. Mikael betyder han är som Gud och han är lik mig som människa i vissa avseenden. Detta vittnar om att Gud finns och att*

Norrköping skulle vara en utvald stad och en skådeplats för Uppenbarelseboken där jag upplevt falske profeten och odjuret och antikristers och jag själv är en arketyp för ärkeängeln Mikael. Falske profeten och odjuret är båda två personer och system i världen som präglas av ondska och kalla sanningar utan det goda.

Lasse menade att Peter North gjorde en kvinna nöjd lite skämtsamt med en del allvar i påståendet. Jag tror det är en lögn eller sanning beroende på vilken kvinna man talar med. Men det betyder inte att 50% av kvinnor gillar honom och 50% ogillar honom men att en del kvinnor gillar han bara man vet ingenting om och han kan vara mer populär än så. Uppkomsten av humor är tragedi och upplevelsen av ondskan och hemska situationer där man behöver uppleva ljuset i mörkret. Men jag vet en kvinna som tyckte Peter North var världens sexigaste man. En annan kvinna menade att Peter North är bara sex men ingen man blir kär i direkt. En del kvinnor hatar honom har jag hört. Lasse erkände att han var inte en bra människa som gör han till lite bra människa att erkänna det. Att vara en bra människa blir man sällan älskad för men ofta utnyttjad av tyvärr i världen. Men det finns olika tolkningar vad som gör en till en bra människa. En del menar att det är främst att se allt som det är på ett rimligt och vackert sätt där man är en rättfärdig människa som förespråkar rätt och nåd. Lasse sade om kristendom som utövas i kyrkor att han trodde inte på det och förstod sig inte på det, men sade spontant att alla är vi olika i Herrens hage. Detta antyder att han tror på Gud i någon bemärkelse, men vill inte leva som frireligiös kristen. Lasse Häger sade en gång att han älskade barn att de kan vara som änglar men att de är försvarslösa. Jag tror de upplever ett högre beskydd som upphör till viss del när de blir vuxna. Lasse Hägers humor och Guds humor påminner om Gösta Ekmans humor mycket. Lasse sade en gång vad härlig han är Gösta Ekman. Han är känd för sin figur Papphammar och Morrhår och ärtor och även Jönssonligan. På slutet av 90-talet sov jag över hos Lasse Häger som bodde i Hageby då. Jag kom ihåg på morgonen att det var några kråkor på balkongen och Lasse sade nu jävlar när han skulle jaga bort dem. Jag kom ihåg vi var på fest hos Lasse med min pappa jag var 17 år när han öppnade grinden här står ni och skakar galler. Det var trevligt men det blev sent och Lasse ville att jag skulle stanna kvar och min pappa sade att Lasse börjar bli knäpp och att vi skulle gå hem men att Lasse ville att jag skulle stanna med det ville inte min pappa och de blev osams och min pappa blev jättearg att det blev otäckt att det var ansvarslöst att lämna en yngling sent på natten ensam hos en annan människa och spände blicken i Lasse och Lasses kommentar inte om jag har en bra kompis men min pappa köpte inte det. De var bästa kompisar som unga på 70-talet. Det slutade med att vi gick hem och de hade ingen kontakt med varandra på länge innan de försonades efter ett vykort och en hälsning från Lasse. Jag minns att han ringde ibland till mig på slutet av 90-talet när jag var en ung man och sade ska du inte komma över. Det var inte så ofta jag sov över hos Lasse att han brukade säga det blir ingen övernattning. Han sade när jag var hemma hos honom att han gillade mig annars skulle jag inte sitta där. Inget är så härligt i vänskap som ärlighet om det kommer från hjärtat som ger sig uttryck i komplimanger som känns sanna och inte falska. Jag kom ihåg att han nämnde till mig som ung att du är jävligt snygg i ansiktet och du är en kvinnokarl och du har chansen men nu luktar du som en gammal gubbe. Han sade du kanske är en kvinnohatare och psykopat att du har inte haft det så lätt och tacka fan för det. Träffar du rätt kvinna och har sex med henne så vet du *att du lever. Jag vet att han frågade har du haft sex någon gång och jag svarade nej och då sade han då kommer det bli snack. Men jag tycker inget sex är bättre än dåligt sex. Jag är ingen kvinnohatare men blyg för kvinnor och brukar bara uppvakta väldigt snälla kvinnor jag tycker om. Jag kom ihåg att Lasse Häger inte gillade masturbation utan riktigt sex som är bättre enligt Honom. Jag tänder på djupa känslor och samtidigt är kräsen sexuellt och kan njuta lika mycket i fantasier som att utföra det fysiskt men har en dröm att uppleva det på riktigt i himlen med rätt kvinna. Jag har inget emot sköna sexuella upplevelser men viktigast för mig är att jag känner att jag lever som är primärt och det andra sekundärt. Kärlek väcker begär men begär man inte får tillfredsställda kan göra kungar till slavar men tålamod kan göra slavar till kungar. Gud uppmanar till tålamod men har en långsiktig plan hur allt ska bli så bra som möjligt. Lasse sade att du är inte så snygg på ena ansiktshalvan där jag har en missbildning men om du såg symmetrisk ut som ung skulle du vara jävligt snygg. Jag minns att det var en kvinna som ringde Lasse Häger flera gånger och han kände sig besvärad av det och sade vad fan ringer du mig för. Det finns tydligen en gammal svensk porrfilm som heter Hårda skjut i Susan det gick ett rykte att jag sagt som låter humoristiskt och vulgärt. Lasse har sagt att det där är Guds humor. Det har en antiklimax från att låta snällt och lite roligt till att bli väldigt mörkt och komma från en sexgalning. Jag har den synen på mig själv att jag är ingen psykopat men har asperger syndrom men som kallas ibland autistisk psykopati. En människa med asperger syndrom är trogen sina ideal men det är inte en psykopat. En människa med asperger syndrom är avskärmad men förstår mycket men inte det sociala språket och hur man ska uppföra sig i en del sociala sammanhang. Problemet är att jag älskar inte mig själv samtidigt som*

jag upplevt för lite kärlek jag lider av. Som ung upplevde jag mig både
ful och snygg dum och smart. Men det var en syntes som inte fungerade
som gjorde att jag tog inga initiativ med det motsatta könet som präglat
hela mitt liv. Men jag är smord mycket med glädjens olja som gillar
humor och musik som har visioner och drömmar. Inget mer visar en
människas karaktär vad han skrattar åt och hur han behandlar dem som
inget kan göra något för honom. Man kan uppleva både det härliga och
hemska i det.

Lasse har stark integritet och är skön i anden och tänkandet men är
ingen fjant. Han kan ta de flesta människor på rätt sätt utan att de tar
illa upp. Lasse sade till mig när han var på dåligt humör gör vad fan du
vill, som kan betyda att jag bryr mig inte om dig eller uppmana en
människa att följa sina drömmar. Swedenborgs religion baseras mycket
på det. Lasse tar det enkelt och är djärv,aktande, fräck, snäll och ärlig i
sina roliga uttryck. Hans favoritmusik är Eagles och Smokie känd för
låten Next door to Alice. De har gjort många kärlekslåtar. Han har
hållit sig ung genom sin sköna syn på allt som präglar hans humor. Jag
besökte honom en gång efter han hon kommit hem från jobbet och han
tittade på ett naturprogram och det var en fågel som stod vid en flod
med stark ström och fiskade och Lasse tänkte om han får något som han
uttryckte för mig med glimten i ögat som jag tog med humor. En del
menar att Lasse själv har en torftig kvinnosyn. Men har sagt en gång att
han älskar kvinnor. Han kommenterade med att hans före detta hade
fått barn att hon blivit pumpad. En gång uppmanade han en kvinnlig
arbetskamrat som han kände och sade hej då till han när hon skulle
cykla hem i trafiken med uttrycket go for it. Jag minns att han berättade
att en bekant hånade honom för att han hade nya glasögon på sig att

han skulle se ut som folk. Lasse pratade om det och verkade jättearg och sade att han skulle kunna döda fan. Jag hade en dröm en gång att Lasse vart hotad med ett hagelgevär och svarade skjut då så jag slipper se dig. Humoristisk syn på relationer i världen är att det innebär att man är prenumerant på samlag. När jag sade en gång att det vore bättre med ett samhälle utan pengar sade vad ska vi ha då i stället spriten? Apropå Peter North så har jag en synen att Gud skapade honom med humor som gjort många kvinnor sexuellt nöjda. Det är en sanning därför skriver jag det. De säger att Peter North är trevlig och ödmjuk och brukar uppmana andra att vara positiva och se framåt. Någon har sagt att han tror att Peter North hade dåligt självförtroende med kvinnor som ung och är ganska skygg person som ville skaffa sig mycket erfarenheter av sex. Han är rik man och porrbranschen är lättförtjänta pengar i ett land som USA där det inte finns socialbidrag. Jag vet jag läste på Flashback forum att det var en kvinna som tyckte många av hans filmer var jättesexiga. Peter North har gjort mest mjukporr. De är kanske exhibitionister och exponerar sig mycket som de blir både föraktade och uppskattade för. Som ung kollade jag ibland på Friends and lovers från 1991 med Tracy Winn och Teri wiegel och Route 69 från 1989 med Peter North och Tianna. De anses hota och sexiga. Jag gillar sex som är präglad av renhet i en skitighet som är hot och djurisk och både hård och mjuk där det finns kärlek och förståelse. Därför gillar jag läderklädsel på rätt tjejer jag har djupa känslor för som har intelligens. Man vet så lite om Guds natur som förstår allt och kan uppleva allt. Jag tror han är maximalist allt eller inget. Han är sexuellt passiv i världen och sexuellt aktiv i himlen.

Jag tror sex i himlen sker inte offentligt utan bakom kulisserna på en egen spelplan i form av ett lusthus i en trädgård och samhälle. Det finns lika många olika böjelser som nyttor i himlen. Böjelser är sådant man dras till och har svårt att motstå som är sexuella. Svarta män är populära hos många kvinnor för de är ofta välutrustade som är populärt och ger ett renare, sexigare och ofta ett trevligare intryck. Jag själv. Swedenborg säger att afrikanen är den bästa hedningen. De är kända för sitt goda omdöme och ta emot gudomliga sanningar i sitt inre älska dem och leva efter dem. De upplever allt bättre i livet som musiken, det sexuella, kärleken och visheten och de är ofta snälla men kan bli mycket arga om de blir provocerade. De lever ofta kollektivt där de älskar Jesus. Snällhet är inte bara en handling utan även en spegling av din själ och en del upplever skönhet av det i en skön person. Jag gillar snygga aspergertjejer som ofta förekommer i porrbranschen. De gillar sex och är lite mer djuriska sexuellt. Jag samlade på filmer med porrstjärnan Tracy Winn som ung man. Hon är känd i den branschen för sin stora häck och ansågs vara en av de sötaste porrstjärnorna för hennes tid. Jag älskar henne fortfarande i ett avseende att hon är en av mina favoriter. Kärleken övervinner allt och är icke dömande. I himlen ser många där sex och erotik som livets mystik, passion och attraktion. Mjukporr kan upplevas både djävulskt och gudomligt alltså både fruktansvärt och se skönt och vackert ut i sitt utförande man själv vill uppleva i sitt liv. Som ung kunde jag tycka mjukporr vara otroligt spännande och skönt att kolla på men de säger att porr är som Macdonalds mat jämfört med fin mat. Som innebär att det är skräp och onyttigt att titta på för sin sexualitet. Men en kompis sade att par håller på så som i porrfilmer i sina privatliv att det präglas av en dogmatik praktiskt och i känslan av det. En indisk vishetslärare tyckte svarta läderkläder utstrålar negativ energi men jag kan uppleva det sexigt på en god kvinna med karaktär att det blir en fin kontrast av det som utstrålar positiv energi men det svårt att svara på om det förekommer i himlen. Jag ser det bara som en böjelse en del gillar och är populär i världen jag har inget emot och jag gillar det själv. Människor har svart hårfärg och varför är det då fel med svarta kläder? Jag tror Gud gillar alla färger att de är vackra på sitt sätt och skapar sköna kontraster och är enlighet med den perfekta balansen av ont och gott som Swedenborg förespråkar.

Ett starkt minne av en ökänd person

Jag minns ökände Christer Petersson misstänkt för Palmemordet. Jag vet en kvinna som åkte upp besökte honom i Sollentuna. Han blev glad och sade kvinnans intuition och började läsa poesi för henne som han skrivit, men senare spårade det ur på grund av hans humör av någon orsak. En bekant sade en gång honom så jävla intelligent och lever så där. Han förstod inte det, men menade samtidigt att han var en typ. Christer menade att han umgicks med människor som skiter i det mesta som är samtidigt fina människor. Christer Pettersson sade att Gud är stor utanför Israels gränser när det inte blev en resning i Högsta domstolen. Jag vet inte om det var han som sköt Olof Palme man kan inte älta det i all evighet. Mord är inte oförlåtligt. Christer Pettersson menade att han var både filantrop och människohatare. Jag hade en avlägsen släktning en del säger att jag har vissa likheter med som kallades myran men han gillade inte att bli kallad för det. Myran är känd för att vara det starkaste djuret i förhållande till sin vikt och storlek. Grymma slagskämpar kallas det ibland som Leif Axmyr som är en av de mest fruktade inom de intagna på fängelset. Min släkting hette

Stefan Eklund och var lik Patrik Swayze men en del tycker Stefan var snyggare. De säger att finns otäcka historier om honom. Jag vet att han gjorde sig skyldig till telefonterror som slutade med att han sade att han ska ringa livet ur er som är styggt att säga så. Man kan se att det har med evigheten att göra och man lever i en annan värld av det hotet och man vill uppleva den maximala upplevelsen. Det låter som en cool psykopat som vill jävlas med en jävlig person på ett jävligt sätt. De säger att slagsmål har mycket med kroppsvikt att göra men myran var inte rädd för de som bara är stora. En vietnamveteran sade att sitter 99 i psyket och det gjorde det för myran som både blev så arg samtidigt älskade det för att han fick adrenalinkickar av det då man kan bli fem gånger starkare. Men alla möter någon gång sin överman inom alla områden. Jag har sprungit på myran på avstånd i Norrköping och han ville visa hur man kan slåss med hela kroppen och nästan bli större som kan kännas slåss med en dörr. Jag tror han hade en förmåga att läsa andra och anpassa sig till det som andra inte kan läsa och anpassa sig till. Jag tror han var väldigt brutal också. Både jag kan och Myran kunde erfaras osammanhängande men upplever kontroll och är väldigt intelligenta och förstå mycket och att vi lever i en annan värld som har så mycket kontakt med verkligheten att vi inte verkar sinnessjuka.

Min erfarenhet av schack

Livet är att tänka vad livet är och schack är tänka vad schack är som innebär att man skapar sitt liv och sitt spel mycket hur man tänker i dem vilket kan vara både positivt och negativt för en i dem. Inget fokuserar tänkandet och förståndet mer än att uppleva tystnad och samtidigt sällskap och uppleva någonting som är samtidigt ingenting. Detta upplever man i schacket ofta. Det jag gillar med livet och schacket är *att om man tänker som ett geni kan man spegla det i spelet och i det man skriver men ingen bryr sig så mycket förrän de får upp ögonen på dig efter prestationer. De säger att det otroliga djupet som kommer upp på ytan i spelet i en form av uppenbarelse alla förstår kännetecknar genier. Jag ser både livet och schacket som en evig mental strid som präglas av en hög nivå, kontroll och försoning där man hela tiden erfar nya upplevelser i dem. Den som upplever kontroll får aldrig panik i situationer och finner en lösning på allt.*

Världen är det mentala för människan och även schacket. Att inte uppleva mentala strider i dem är som att sluta leva och sluta spela schack. Nietzsche säger älska era strider det som inte dödar dig gör dig starkare. Lagen att den starke vinner oftast generellt måste gälla annars blir det inte bra och uppstår ingen lyckad ordning av det. Det inspirerar andra bara att förbättra sig och väcker beundran för de som är bättre. Med strider som inte dödar dig men gör dig starkare upplevs det alltid meningsfullt och inte löjligt och ett form av skapande av situationer man upplever intressanta i ett ständigt pågående där sanningar genomlevs viktiga. Allt du ser är bara ett perspektiv och är endast en liten del av sanningen men aldrig hela sanningen. Man kan alltid starta ett nytt parti eller ett nytt liv genom att uppleva något nytt och bli pånyttfödd i det. Både livet och schacket präglas av ett ständigt beslutstagande o ett ständigt pågående och att man testar och prövar varandra och samtidigt upplever glädje av varandras sällskap. De största segrarna präglas dock av inga strider och prövningar som leder till lycksalighet. Man kanske ska låta människor få syssla med det de är bra på om det har ett gott syfte. Det är svårt att lära andra människor olika saker att de måste lära sig det själva genom att praktisera man kan bara få dem att tänka rätt för att lära sig det. Detta präglar allt lärande. Varje människa möter sin överman i det de är duktigast i men kan fortfarande lära sig av Honom. Detta upplever jag i mitt schackspelande. Jag både hatar och älskar schacket det är både intressant och ointressant. Roligast är att spela då man upplever en delaktighet i ett sammanhang samtidigt ett spel på brädet som ger upphov till mystik, passion och spänning. Min målsättning är att bara spela bra intressanta partier och försöka bevisa att jag är ett geni genom dem. GM Alexander Khalifman sade att schack är ett analytiskt problem som har flera och minst en lösning som innehåller fantastiska idéer fast det känns artificiellt ibland. Samma syn kan ha på livet i tillvaron när man försöker förstå och lösa saker genom sin intelligens som känns som små framgångar man blir lycklig av. Det är vist att inte memorera varianter bara idéer och lära sig metoder i schack. Det finns ingen universell metod i schack som är en genväg till framgång och förståelse av det. Det är kanske likadant med livet. Men de säger för att du ska förstå himlen måste du förstå livet som baseras på många sanningar och erfarenheter och inte bara en sanning och en erfarenhet. Om man ska bara träna på en sak om man har lärt sig de mest nödvändiga grunderna i schacket är det bäst att bara träna på kombinationer med olika svårighetsgrad. Kombinationerna är lika mycket spelets själ som bönderna. Genom kombinationer vederlägger man falska positionella värden är gammal vishet från Emanuel Lasker som var en gammal världsmästare. Kombinationer i schacket motsvaras av fullkomligheter i livet.

Det finns många dolda genier som upptäcker att de är genier genom att utveckla sina talanger detta upplever jag i schackvärlden. Albert

Einstein menade att många är genier vilket blir förkastade som idioter. Det är en vacker sanning att det finns en form av artist i varje stark schackspelare och i varje utövning av någon form av konst. Frihet är att få vara sig själv sin konstutövning. Ett fenomen jag lagt märke till är när det är en teoretisk nyhet och ny idé som spelats och använts en period i partier är det känt för dem i världseliten och man får inte lika mycket av det längre på den nivån men är användbart med stor effekt på lägre elitnivåer. Det är inget som är värdelöst av gammal teori att alla kan inte memorera allt. Det är roligare att vara amatör på elitnivå och en iakttagare av världseliten som kan grunderna än att tillhöra den eller vara ett proffs som lever på schack då man måste ägna sig åt det varje dag många timmar för att hänga med i utvecklingen. Jag skulle inte vilja byta med dem då jag tror det blir ett tråkigt och jobbigt liv i längden att det är för begränsat. Det som hindrat mig i min schacksatsning är ekonomiska begränsningar och att jag gillar inte att resa omkring för mycket. Jag tror också jag började för sent för att kunna bli riktigt bra. Man utvecklas mes genom att spela långpartier och av sina förluster. Man måste ha möjlighet att spela regelbundet mot lite bättre spelare hela tiden för att gå framåt. Jag tror det är ungefär ett lika stort steg för en elitschackpelare på 2000 att bli stormästare som befinner sig på 2500 som för stormästare att ta sig upp i världseliten som rör sig mellan 2750-2800. De säger att höga 2600 är ett jävla steg att ta och hålla sig kvar på. En bekant som schackspelare och jag diskuterade de som varit världsmästare och deras IQ och han sade världsmästare o fyfan att ta sig upp på den nivån att deras IQ måste vara hög. Man märker i banterblitz när spelare i världseliten spelar det hur snabbt de tänker och hur fort de upptäcker allt. Jag tycker Bobby Fischers stjärna lyser klarast i schackhistorien. Han känns mest exceptionell med den högsta topintellingensen han bekräftar genom att vara den bästa blixtspelaren genom tiderna. Jag tror folk föreställer sig att om Jesus spelade schack skulle de förvänta sig att han hade förmåga som en artificiell intelligens att spela schack vilket utnyttjar allt som är möjligt. Jag tror Jesus har ingenting mot att andra spelar schack men skulle aldrig spela det själv. Jag vet inte hur logisk Gud är men det finns en uppfattning att för mycket logik dödar Gud. Det betyder att de som tänker för logiskt ser inte Gud och upplever mindre. Ibland kan man uppleva i partier på lägre nivåer att båda står dåligt att det upplevs inte så vackert och logiskt att det blir i stället idiotiskt och konstigt även om det finns en lösning. Om man 200 i IQ som en del menar är maxkapaciteten för en mänsklig hjärna har man talang att utveckla en spelstyrka på 3000 i eloranking som Rybka 3 hade som ansågs väldigt bra när den kom. Om man har 200 i IQ förstår man väldigt fort och har ett otroligt djup i sitt tänkande alla inte förstår som fortfarande upplevs mänskligt men på en hög geninivå. En högrankad spelares spel kan tyda på bristande talang och en lågrankad spelares spel kan tyda på stor talang. En del har ganska lätt bedöma detta korrekt. En ren träningsprodukt kan bli en högrankad spelare genom hårt arbete och spela mycket och det är någon egenskap och förmåga som kommer fram i spelet man inte brukar kalla talang. Före detta VM utmanaren Viktor Kortjnoj har sagt att talang i schack är att vara träningsvillig.

Jag tror Garri Kasparov är mycket en träningsprodukt men hade en mycket talangfull stil som ung. Det var något väldigt grymt som kommer fram av hans begåvning och intelligens i spelet han anses vara ett

taktiskt geni och kallades monstret från Baku. Han var som en Gud för
en del rivaler som Vasilij Ivanchuk, vilket hade som mål att nå 2800
som är en magisk gräns han aldrig nått. Jag sade en gång tror du Garri
Kasparov är smart lite dubbeltydigt. De fattade inte vad jag menade
med det. Hans partier vittnar om att han är ett geni och jättesmart som
många intervjuer med honom både live och i tidskrifter. En del anser att
han uttalar och uppför sig på ett sätt som antyder att han inte är så
jätteintelligent. Hans resultat på IQ tester säger ingenting enligt min
mening och syn på det. Jag tror han menar att jag är en talang i schack
att han tittat lite på mina partier och säger jag har djup vishet. Många
genier är inte så bra på matematik vilket man kan se bara som avskalad
logik. Hjärnan var skapad av Gud men inte för att värderas numeriskt.
Geniet och galningen vinner sin själ men den som tänker endast logiskt
förlorar den till slut. Två genier i schackvärlden som var världsmästare
vilket inte var så bra i matematik var Bobby Fischer och Alexander
Aljechin.

Jag vet att Jan Timman tyckte på 90-talet att Kasparovs partier gav ett
schizofrent intryck och jag har också blivit klandrad för det för mitt spel
ibland. Man spelar så kanske för att förvirra motståndaren men man vet
själv precis vad man sysslar med när man strävar efter att besegra
motståndaren. Jag tror inte Kasparov är schizofren men hans schack
var väldigt komplicerat. Någon har sagt att Kasparov är ett taktiskt geni
som har en speciell spelstil som är sund och vacker. Hög aktivitet på sitt
spel är tecken på talang och någon har sagt att det är spelstyrka.
Stormästare Alexander Kochyev jag spelade träningspartier med via
internet menade att jag spelade som en IM och ibland stormästare. Han
menade att om jag skulle ha möjlighet att utveckla min talang skulle jag

kunna gå långt men att jag hade en lång väg att gå i den position jag befann mig i. Jag tror han menar att många talanger har ett max på 2600 i elo i den hårda konkurrens som råder i schacksammanhang. Som ung var Jag arbetsskygg samtidigt älskade jag att träna och spela schack på lokal och distriktsnivå. Jag har varit rankad femma i Östergötland en kort period då jag hade ganska hög Lask ranking. Idag är jag FM som är en förkortning för Fidemästare och kan kallas elitschackspelare. Jag har en del meriter som att kommit delad två i mästarklassen några gånger jag värderar ganska högt. Kung Salomo känd för sin djupa vishet i himlen som varit en idol för mig jag sett upp till upplever schack för begränsat och barnsligt. Något som hindrat min schacksatsning är dålig ekonomi och att jag gillar inte att resa omkring och vara på resande fot för mycket hela tiden. Jag trivs bäst inom Sverige min hemstad och mitt hem. Mitt intryck är att många schackspelare är udda figurer vilket finner mening med sitt liv av sitt stora intresse som verkligen kan fånga en människa även om de kanske inte är så lyckliga i sig själva att de kan ha svårt med kvinnor på grund av bristande social förmåga och att de har utseendet mot sig ibland. Jag tycker det är trevligast att spela lagmatcher. Det är väldigt roligt att spela schackturneringar där man har ett gemensamt språk och upplever en trevlig atmosfär där det förekommer en hög nivå och man finner mening med att prestera ett bra resultat och man känner att man utvecklas av det där man upplever det sociala när man analyserar efteråt. Därför tror jag detta liv även förekommer i himlen på sina håll. Att spela ett bra schackparti är som att skapa ett konstverk och kan upplevas som ett mästerverk. Även om datorer kan besegra stormästare i schack anser jag att människor är överlägsna dem konstnärligt som påverkar hur mycket man njuter och uppskattar partierna. Därför *brukar man inte låta stormästare spela mot datorer att det anses inte så givande då schack handlar om att skapa konst som tilltalar förnuftet. När man inser hur bra stormästare är på olika nivåer och har olika egenskaper blir man både inspirerad och inser sina begränsningar men även att man själv är inte så dålig att det finns många som är sämre. Schacket kan både visa sina bra och dåliga sidor som speglas i hur man spelar och uppför sig. Jag vet en äldre man och bekant till mig som sade att han brukar plocka fram en partisamling med Aljechins bästa partier och spela igenom dem när han är deprimerad. Aljechin tycker jag är gåtfull och spelar som ett geni och ger även hårt intryck i hans attacker. En del betraktar han som den första superstormästaren och många tycker Aljechin är den bästa genom tiderna och att han verkade vara en gammal fin man. Richard Reti som kallas ibland positionsspelets fader sade en gång att han räknade ett drag framåt. Jag tror väldigt erfarna mästare med utmärkt förståelse behöver inte räkna så mycket att de har så bra känsla för det rätta draget i alla ställningar.*

Jag har hört man måste ha minst 115 i IQ för att klara gymnasiet med bra betyg. Framgång i studier är mycket disciplin. Studenter på universiteten brukar ha en genomsnitts IQ på 120. Man lär sig när man är intresserad för då är man fokuserad. Ju bättre spelare i schack ju mer möjligheter ser de och även kan utesluta många av dem som ger dem förmåga att hela tiden spela de bästa dragen om de inte är i tidspress. Det gör att de är väldigt jobbiga att spela mot. De spelar effektivt och maskinmässigt men blir krossade av datorer. Viktor Kortnoj har sagt att en schackspelares viktigaste vapen är objektiviteten men det är svårt att tänka helt objektivt att det blir ofta ett subjektivt tänkande i stället, men man lyckas spela bättre om tänker objektivt har jag märkt i mitt eget spel. Jag upplevde också att det vart roligare att spela schack genom att tänka objektivt. Man kan se att spela schack som träningen att försöka tänka objektivt. Om man har en ung talang som drömmer om att bli världsmästare tror jag Botvinnik skulle ge rådet sluta spela blixt och djupstudera allt material av Mark Dvoretsky till en nivå att man kan det att det är enda chansen, men att det hjälper inte. Jag tyckte det var det var spännande att studera gamla klassiska tuneringsböcker och partisamlingar av Alexander Aljechin. Min favoritbok var New York 24. Jag lärde mig ett bra grundspel av den och den innehåller hög nivå på kommentarerna och analyserna även om partierna inte är de bästa även om det finns pärlor i den.

Många av Boris Spasskys partier är bland de bästa som någonsin spelats bland människor därför kallas han av en del för kungen. Ulf Andersson har sagt att han har en högre förståelse som speglas i hans partier som präglas ibland av ett otroligt djup som hjälper han kontrollera taktiken få andra klarar på den nivån. Jag har en partisamling med hans partier som heter 300 wins utgiven av Chessstars i början av 2000-talet. Spassky spelade tungt och kraftfullt och elegant i sina bästa partier. Spassky spelade inte alltid det bästa draget men ofta det bästa praktiska draget som fungerar bäst i tidsbegränsade långpartier. Det finns många gamla musiklåtar som är mycket bättre än dagens musik och det är likadant med schackpartier konstnärligt som avgör hur mycket man njuter av dem. Både Karpov och Kortnoj på 70-talet skrev en bok med samma titel Chess is my life. Jag tror väldigt många schackspelare på olika nivåer kan uppleva det själva i sina egna liv att schacket är deras liv. Spelet har förmåga att *göra människor lika lyckliga som att uppleva kärlek och det ena behöver ju inte ta ut det andra. Jag var otroligt fascinerad av schack som ung och det kommer alltid vara en del av mitt liv. De i himlen tycker jag är lik David Bronstein han var både väldigt intelligent och trevlig som var uppskattad av många men en del störde sig på honom. En del har demoner i sig som störs sig på andra människors andar. Viktor Kortnoj sade David Bronstein hade ett hjärta av guld som kan tolkas att då är man mycket godhjärtad. Viktor Kortnoj hade åsikten att när Bronstein var som bäst så är han den bästa spelaren i ett avseende. David Bronstein kallade Bobby Fischer för schackvärldens James Bond i en bok som filosoferar kring schacket och dess utveckling på 80-talet. Bobby Fischer vederlade eller spelade bästa varianten och vann ett fint parti mot en lurig Gambit i Ciozio som svart i spanskt. Detta mot en jugoslavisk GM jag brukade spela ibland med d5 mot c3, i en känd blixtturnering, han vann överlägset 1970 med många av världseliten var med jag vart djupt imponerad av. Mikhail Tal sade att Fischers partier i blixt höll 2600 nivå i långpartier. Fischer vann turneringen på 20 poäng och Tal själv känd som en blixtspecialist kom tvåa på 14 poäng.*

Larry Christiansen tycker Jag är lika extrem som Rashid Nezhmetdinov. Jag har 400 st videos på datorn med Larry Christiansen som var en show kallades Attack with Larry C som förekom på internet chessclub en gång i veckan under en lång period. Jag tittar ofta på dem och jag tror jag kan få bra förståelse och utveckla en taktisk insikt och få rätt mycket kunskap av dem genom att alltid titta på dem även om det är begränsat. De brukar vara mellan 15 min och upp mot 45 min långa och oftast 25 min. Stormästare Larry Christiansen är känd som en väldigt farlig angreppsspelare. Jag upplever både bra förståelse och taktisk genialitet från hans sida i hans shower. Det är underhållning på en hög nivå. Man kan kalla Larry för sin förmåga schackligt en taktisk streetfighter och en amerikansk cowboy. Det taktiska angreppschacket upplever jag är svårare och djupare än det strikt strategiska spelet även om det finns ett otroligt djup i allt i spelet. En svensk stormästare har sagt om det vore för det postionella som kan begränsa motståndaren skulle Larry Christiansen vara världsmästare. Larry brukar gå igenom oftast angreppspartier och ibland även strategiska mästerverk. Det är både moderna partier och gamla klassiker och ibland kan det vara ett nyligen spelat parti vid den tidpunkten han finner intressant. Ofta brukar han inleda showen med en kombination eller ställning från ett parti till att gå över och visa och analysera ett helt parti. Det är bara partier spelade av bra spelare och ibland talangfulla amatörer som gör dem alltid intressanta. Jag tror många schackspelare i världen vill spela schack i himlen och uppleva atmosfären av schackturneringar och föreningslivet man finner i aktiva schackklubbar som ger upphov till socialt liv och analys. Man upplever det lika meningsfullt i himlen som i världen på grund av den låga och höga nivån, gemenskapen och att schack är en konst, sport och vetenskap och att det finns bibliotek med schackböcker att en del tycker det intressant att studera schackhistoria och njuter av att spela igenom gamla mästerverk som kan jämföras med att lyssna på musik. Livet utan Gud kan aldrig bli harmoniskt. Man ska söka harmoni i livet, som Exvärldsmästare Vasilij Smyslov gjorde i sina partier. Jag har spelat remi mot honom i ett tävlingsparti. Gud ser mig som en jordisk ängel och vill inte att min förmåga prövas när jag spelar schack att folk hånar mig ibland när jag förlorar som är väldigt korkat. Gud själv vill inte att man prövar hans förmåga. Jag spelar schack bara för att det är roligt och det är bara på lek för mig även om jag försöker spela bra och intressant. Men Gud har uppmanat mig att sluta spela schack. Man uppnår ingenting i världen genom att bevisa att man är bäst i schack att det är bara tomhet md viss ära. Vad gör det om du vinner hela världen men förlorar din själ. Men jag tycker det är fortfarande roligt att spela och även mot relativt lågrankade spelare så länge partierna är intressanta och man fortfarande känner man spelar schack mot dem. Jag försöker spela på så sätt att vad än motståndaren gör så har jag motspel överallt och ta ut motståndare på okända marker i kampen mot all teori genom att improvisera. Jag är bra på att spela upp lovande ställningar som är vunna fast det är komplicerat men ofta har jag svårt att segla hem dem. Man måste spela mycket för att bli bra på det och det är så man tar sig upp på högre nivåer. Jag är en lärjunge mycket till David Bronstein, Bent Larsen och Mikhail Tal. Bent Larsens partier är mycket intressanta. Han var väldigt farlig och spelar sunt men komplicerat men blir uträknad ibland i taktiken, som mot Bobby Fischer vilket han förlorade med 6-0. De med stor talang för schack och har bra idéer har ofta en sådan komplicerad spelstil som det tar lång tid att uppnå perfektion med, men kan gå väldigt långt på grund av det. Jag räknar mig till denna kategori en del tillhör. Men det blir mycket smällar för dem innan de uppnår sin perfekta konst.

Det viktigaste är inte vad man har för ranking och resultaten utan att man njuter av spelet annars finns det ingen mening med det. Bent Larsen skrev en bok där han menade att du måste ha en plan och det är bättre att ha en dålig plan en ingen plan alls. En idiot med en plan kan besegra ett geni utan en plan.

Schack är så hårt spel att man kan inte planera och spela i långa kedjor och tro att man har kontroll på allt att det alltid dyker oväntad

taktik ofta i partier när man försöker realisera en fördel man
överskattar. Detta är min erfarenhet av mina egna partier.
Schackmästaren Tarrasch sade en gång att schack kan göra en
människa lika lycklig som att uppleva kärlek men jag tror bäst är att
kombinera dem att schackspelande älskande par kanske är mest
lyckliga. Schack kan upplevas som en evig kärlek och en evig strid vilket
är en viktig del för en i livet man har svårt att skiljas med. Duktiga
schackspelare har rollen som slags Gudar för pjäserna i spelet som inte
är allsmäktiga men har många möjligheter. Samma syn ska man ha
likande på Herren som Gud som människa att man måste samarbeta
med Honom och vara under hans ledning för att det ska bli så bra som
möjligt men Han är inte heller allsmäktig. Nietzsches påstående att du
har din väg och jag har min väg men den korrekta vägen och enda
vägen finns inte är både sann och falsk i livet som bekräftas av
schackspelet. Den som beundrar Herren går raka vägar i livet och den
som föraktar Honom går krokiga vägar i livet vilket brukar vara sämre.
Matematiken uppenbarar sina hemligheter bara för de som närmar sig
den med djup kärlek för sin egen skönhet. Detta upplever jag i schacket
som är en gren av matematiken. Jag försöker utveckla ett schack på en
högre nivå som baseras mycket på min fantasi. Allting är matematik
som skapar skönheten mycket i himlen genom att man förstår och ser
den genom själen i stället för bara logiken. Mycket i världen kan
upplevas som bara en hobby eller en passion som amatör eller ett
proffs. Detta upplever jag bland schackspelare i mitt eget utövandet av
det. Jag har inte varit vid mina fulla sinnens bruk och känt mig mentalt
mörbultad på grund av vad jag varit med om och varit utsatt för i livet
som gör att jag får ut 10% av min talang i schackspelet men jag börjar
tillfriskna och ser fram mot framtiden. Om man ska bli bäst i schack

måste man ha väldigt stor talang och studera mycket som innebär att man är mycket spirituell och har stor fantasi då man kan skapa vid brädet så att motståndaren inte förstår det man själv förstår och man har rätt och vinner av det. Det spirituella är möjligt för de flesta människor men de måste vara medvetna och öppna mot det. Antingen är människor i naturligt ljus eller andligt ljus som har inget gemensamt. Det är därför de har så svårt att förstå varandra i olika aspekter av livet. De som är i andligt ljus tycker det ger mycket mer glädje att försöka förstå andra människor än döma dem för tidigt än de som bara är i naturligt ljus. Det spirituella är en personlig relation med det gudomliga som gör att man kan tänka på en högre nivå som är främmande för många. Schack är ett spirituellt spel men schackspelare är sällan spirituella. En del schackspelare är spirituella och en del är barbarer på det mentala planet. Utan kärlek och vishet och det spirituella bli människor som maskiner. Många duktiga schackspelare spelar som schackmaskiner vilket är mycket effektiva. Det bästa i livet för mig är att uppleva andra människor som är bekanta och är sina vänner där man har ett gemensamt intresse man utövar vilket är konst och ett slags skapande och uppleva den mänskliga kontakten man upplever på schackturneringar där man får utlopp för sin genialitet i spelet ibland. En del utifrån upplever schack barnsligt och för begränsat som inte förstår det men schackspelare som älskar spelet erfar det tvärtom och schack är det roligaste i livet de aldrig tröttnar på. De erfar det obegränsat och kräver ett vuxet förstånd. En del som slutar eller drar ner på spelandet och tränandet upplever att de tillfrisknar mentalt av det om det gått in för det för mycket även om det utvecklar sin kognitiva förmåga. Schack kan upplevas både som ett underbart spel som är någonting och ett skitspel vilket är ingenting och livet kan upplevas som ett underbart liv som är någonting och även som ett skitliv vilket är ingenting. Förlorare strävar främst generellt att tävla och konkurrera men vinnare strävar främst att inspirera. Antingen är man född förlorare eller vinnare om man är en Guds tjänare eller en motståndare till Honom. Att lyckas i schacket och uppleva det på bästa sätt då man uppskattar det mest handlar om att uppnå den rätta känslan och förståelsen för det. Samma kan man sig om det upplevda livet för att erfara det på bästa sätt.

Min talang i schack

Genom telepati har jag fått ett meddelande att Kasparov tycker jag är en talang och har djup vishet och likheter med David Bronstein. Kasparov kan avfärda stormästare som talanger. Hög ranking är att man spelat mycket är noggrannhet och har bra karaktär i spelet och tar visa beslut i partier som ofta avgör utgången i dem som i livet. En del stormästare är som Hasse Eskilsson var i fotboll helt talanglösa men håller nivån av god kondition och bra förmåga att förstöra spelet. Pojkar som växer upp utan en bra Fadersgestalt som lär och fostrar dem på ett bra sätt blir ofta ensamvargar. Man kan vara arg och klandra sina föräldrar med de har behandlat en på ett likande sätt som de själva blivit behandlande av sina föräldrar som går i arv. Om har man inte någon far så får man skapa en och ofta går Gud själv i den rollen då man blir en slags idealmänniska med god karaktär av det. Ofta har man också idoler man ser upp till. Min idol var Bobby Fischer och jag drömde själv om att bli världsmästare i schack själv. I min tidiga tonår satt jag mest på mitt rum och spelade igenom schackpartier från äldre årgångar av tidskrift i schack. Min favoritbok var Bobby Fischers väg till VM som är en fin bok om hans karriär skriven och skildrad av Jens Envoldsen som var en journalist och en IM i närschack. Utan teknik kan inget utvecklas till perfektion och man kan inte bli bland de bästa i det fri från det. Teknik i schack handlar om att realisera små fördelar effektivt därför arbetar många mycket med slutspel för att bli bra. Jag är en världsmästaretalang men har inte tekniken för det liknande Larry Christiansen. Teknik kan uppfattas fegt och intelligent på sitt sätt som ondskan i världen. Godheten är mer modig och skön som det aggressiva med timing och segrar på högre nivåer som artificiell intelligens visar. Jag kanske kan bli en GM och bli en ny Jonny Hector som anses farlig och vara en trollkarl.

Jag har lidit av alienation och traumatiska upplevelser i form av mental barbarism som blivit en form av självuppfyllande profetia för mig där jag kommit bort från min personlighet mig själv och min förmåga som jag börjar återläkas från som drabbat mitt schackspelande. Man drabbas bara i något man älskar i ett avseende och inser man har väldigt stor talang för men får höra motsatsen av mentala barbarer och vargar som saknar talang för det i en stor avundsjuka som är ondska som härledas till kärleken till bara sig själv. Det är bara i tystnad fri från elaka människor som hjärnan återställer och förnyar sig. Man lär känna sig själv bäst i tystnad om man tror på sig själv man gör när man inser att ingen vet något säkert. Jag är sedd av många som en narcissist men en del inser att jag är ingen sådan för jag ljuger aldrig och säger uppenbara osanningar bara för att föra fram mig själv inför andra. En narcissist är någon som känner sig extra viktig överdriven positiv bild av sig själv och stort behov att bli beundrad och lider av storhetsvansinne som kan vara bekräftad ibland men oftast inte. En narcissist är en narcissist är ofta det för att han tycker det finns anledningar att vara det. Det kan också vara så att en person blir klandrade att vara en narcissist utan att vara det att det är en speciell smart person man är bara avundsjuk på eller bedömer fel. Har man hört en röst man tolkar är Guds röst som säger att man är hans utvalde så blir man sedd som en narcissist och galning om man lever efter den övertygelsen och upplevelsen.

Många i världseliten i schack är trevliga genier och gentlemän förekommer där som ser på allt rättvist och är en anledning att de tillhör den att objektiviteten och förståelse är en viktig styrka där man inte är grym för att ta sig upp på den högsta nivån. De otrevliga förekommer på lägre nivåer som uppför sig som mentala barbarer ofta. Genier förstår Guds hemligheter men onda människor förblindas av sin ondska. Schackvärlden är hierarkisk och jag har inga resultat och ranking att komma med för att andra ska bli imponerade, bara partier och stundtals i spelet så många förkastar mig och har ingen respekt för mig. Men det bästa i världen kan inse att jag är en väldigt stor talang och inser att jag skulle ta mig upp på deras nivå om jag hade möjlighet till det. Men talang är en sak men att utveckla den är något annat. Falske profeten tyckte jag var helt talanglös i schack och i Himlen säger att jag har större talang för schack än Bobby Fischer men jag varit motarbetad och mentalt mörbultad som gjort mig förvirrad men inte sinnessjuk som gjort att jag får bara ut 10 % av min talang i spelet. Vilken vidrig människa. Gud tycker falske profeten är den vidrigaste människa som levt på jorden genom även att han trodde själv att vara Gud och ville byta ut Herren mot sig själv som är att bara erkänna sig själv och förneka Gud helt som är den värsta synden. Bobby Fischer spelade mycket som ung mot hårt motstånd och märkte plötsligt att han *blev så bra av det vilket är en möjlighet jag aldrig haft som ung man måste ha för att få upp spelstyrkan i spelet. Jag kan bara prestera i enskilda partier men för ojämnt. De säger man har sin penna och är man tillräckligt envis kan man nå den men det blir bara svårare och svårare ju äldre man blir. Jag har spelat ett parti på Aljechins nivå enligt Smyslov som är i Himlen där jag offrade damen och vann snyggt. Aljechin anses av många vara den bästa genom tiderna. Att bli världsmästare i dagens läge för en världsmästartalang är mycket svårt nästan omöjligt. Modernt schack på en hög nivå är så effektivt präglat av välutvecklad teknik där mycket är känt där det blir en fråga vem som kan mest och har bäst minne. Enda chansen är att spela på fantasi och sin enorma föreställningsförmåga som skapar progressiva möjligheter i spelet som kommer upp på den nivån artificiell intelligens befinner sig på i schack bara en Gud kan göra. Därför rekommenderar många mig i himlen att studera David Bronsteins böcker och partier. De tycker också Kasparov spelar intressant i den andan som är en anledning varför han kunde vara bäst under en lång period i sin karriär. Men jag försöker lära mig av alla som en vis man. Boris Spasskys högre förståelse många erkänner som kommer i uttryck i hans väldigt talangfulla spel och partier är intressant att studera och lära sig av. Han ansågs vara en bättre taktiker än Mikhail Tal. De säger att det är omöjligt att imitera ett geni men genier lär sig av andra genier men jag ser mig både som geniet och idioten för att jag är så mänsklig men med en enorm förmåga jag inte alltid har nytta av. Det finns stormästare på högre nivåer som inte spelar så snyggt eller spektakulärt men de är effektiva och vinner nästan alla sina partier och har en högre ranking av det, men är inga genier och så finns det stormästare på lägre nivåer som spelar briljant oftare men förlorar mer av det och därför har en* lägre ranking. Jag bedömer spelare bara efter spelet och hur de spelar och inte efter rankingen och resultaten som en del gör som är korkat. Detta fenomen präglar även lägre elitnivåer. Man märker när man analyserar med någon om de har fin känsla och talang eller är bara träningsprodukter och har en bra förståelse och kunskaper av det som guidar dem i sina partier. En välutvecklad talang har alltid mycket bättre förståelse och kan gå längre än någon utan talang som bara spelat och tränar mycket. Ondskan är feg, effektiv och intelligent på sitt sätt och vinner mot godheten på lägre nivåer, men besegras alltid av godheten på högre nivåer, som är modigare och intelligentare och detta speglas även i schacket. Sina bra schackpartier visar vad man är bra på och sina dåliga partier är tecken på att man är mänsklig och bara människa. Alla mästare har bra och dåliga partier och är bara historia men att möta dem på riktigt är en helt annan upplevelse då man känner deras förmåga på ett annat sätt i varje drag när de spelar bra. Det räcker att spela ett parti som ett geni för att bevisa att man är ett geni och har inte göra med ranking och hur många partier man spelat bara exemplariskt efter en schackskola som inte anses genialiskt.

Mitt intryck av att lyssna Ulf Andersson är att han har en unik djup schackförståelse som en slags medfödd talang för det på en genialisk nivå och orienterar sig bra i alla ställningar även extremt taktiska ställningar där ofta fort kan ge en korrekt diagnos av ställningen på djupet och till och med avgöra utgången när den är långt från uppenbar för många andra som förstår schack bra. Jag har spelat mycket Morragambit i blixt och även långpartier, Morragambit är mycket farlig och borde passa en artificiell intelligens mycket bra för det är en sund gambit men på världselitnivå anses det vara en form av *caféschack. Jag tycker det är bäst att avböja gambiten där svart kommer ut ganska bra där vit har lika spel men svårt att skapa något intressant spel. Konflikten mellan Botvinnik och Bronstein var känd i schackvärlden att de var inte direkt vänner med varandra. Botvinnik såg schack främst som logik och vetenskap för att förstå allt bättre och Bronstein betraktade främst det främst som fantasi, konst och ett spel man ska njuta av i första hand. Bäst är att se både schack och livet som fantasi och logik att det har att göra med sin föreställningsförmåga och intelligens. Man får idéerna från fantasin och genom logiken tar man reda på om det stämmer. Med bara fantasi drömmer man sig bort för mycket och med bara logik så dör man i sin upplevelse av livet. De måste verka i en bra balans. Materialismens ande är en farlig ande de säger finns i artificiell intelligens. Bättre är den andliga världens ande och sanningens ande som är mer en mänsklig och gudomlig ande. Exvärldsmästaren Smyslov jag spelat remi mot i ett tävlingsparti tyckte hans rival Botvinnik att hans ande i schackspelet var främst materiell. Botvinnik var känd för sin vetenskapliga syn på schack och järnhårda logik. Men det finns en uppfattning att för mycket logik dödar Gud. Jag tycker Botvinnik spelar ett djupt strategiskt betongschack som är mycket taktiskt ibland en del tycker är vackert och andra ointressant. Men hur man spelar schack är inte identiskt och avslöjar inte hur man är som människa det speglar bara hur man tänker och förstår och inte förstår i ett avseende.*

Bobby Fischer

De säger himlen att jag är lik mytomspunne Bobby Fischer världsmästare i schack 1972 även en del som känner mig bekräftar även i världen. Han ansågs vara både ett geni och en idiot och vara

excentrisk och exceptionell. En av hans närmaste vänner tyckte han
hade mänsklig potential att han var populär och många tyckte han var
cool. Bobby var präglad av hög moral och lojalitet bara att han var
sådan som person. Men han gillade inte världen. En myt innebär att
man har en bild av det som man inte vet så mycket om vilket präglar
allt. Alla lever ett offentligt liv ett privatliv och ett hemligt liv. Att bli
känd och framgångsrik anses vara en stor rikedom i världen men har
sitt pris. Ibland är det bäst vara anonym och inte vara någon fast man
är någon. Bobby har sagt en del väldigt smarta saker om både schack
och livet. De som kände honom upplevde han som ett sant geni man inte
alltid behöver kommunicera med att han förstår dig ändå. Han kunde
ha stundtals ett briljant språkbruk. Bobbys Fischer och jag har inte
bästa förmågan att tillägna sig och förstå kunskaper som har lite med
det upplevda livet att göra kan upplevas begränsande och mörkt och att
de till och med dödar och därför värdelösa för oss. Vi har en otrolig
schacktalang och förståelse för allt och älskar musik och umgås med
rätt vänner. Vi har förmåga att lära oss vi vill lära och är nyttigt för
oss. En del menar att Bobby Fischer var kräsen och sexuellt pervers och
blyg för kvinnor han inte alltid hade så höga tankar om. Han gillar
kommentaren att Peter North gör en kvinna nöjd för han upplever den
både rolig och är en sanning för många kvinnor. Man kan gilla det
påståendet om man upplevt ondska i kvinnor och känner att man
misslyckas helt med dem. Uppkomsten av humor är tragedi och
upplevelsen av ondskan och hemska situationer där man behöver
uppleva ljuset i mörkret. En väldigt intelligent bekants reflektion på att
Peter North gör eller gjorde en kvinna nöjd är att han tror att en del
kvinnor gillar eller gillade honom men att han säger samtidigt han vet
inte vad kvinnor tycker om honom. Jag har sagt någon gång att det är

en lögn eller sanning beroende på vilken kvinna man talar med som del kvinnor bekräftar är sant. Men det säger inte om han är populär eller impopulär att det kanske är mer en sanning än lögn eller tvärtom. Men som kille kan man förstå att han hade fysiska attribut som kvinnor attraheras av. Men jag tror det handlar bara om sex för kvinnor att det svårt för dem och bli kär i en gigolo om man inte är likadan själv och accepterar det. Många kvinnor vill bara ha sex med en man de älskar.

Men för att återgå till Bobby Fischer de säger att han var väldigt ensam och inte social som var en av hans tragedier i livet i världen. Men har man en hög nivå på sitt tänkande trivs man ensam och brukar bli ett geni på ett område som i hans fall var schack. Jag tror Bobby Fischer genomskådar det moderna schacket på den högsta nivån och hatar det. Det handlar för mycket om memorering och för lite om kreativitet i hans syn på det. Känt är att schack utan misstag blir ointressant. Det är utforskat för mycket att det blir inte roligt längre. Enda räddningen för schacket på världsnivå är om man kan få bort fusket och bara spela snabbschack som är mer publikvänligt. En psykiatriker har sagt att de i världseliten i schack är knäppa och en internationell mästare har sagt att de är omänskliga. Jag vet inte om jag håller med själv men jag tror de är väldigt speciella och schacket har varit deras liv redan som unga barn. Hög IQ är kanske viktigt på den nivån att man fattar fort. Någon har sagt att det handlar om en specialbegåvning att kunna ta sig upp på den nivån och att det är en väldigt speciell värld. De säger i himlen att jag hade större talang för schack än Bobby Fischer men jag har aldrig haft att möjlighet utveckla min talang i god tid med långpartier. Man ser bara tendenser av min extrema talang i spelet i en del partier. Om jag skulle ha möjlighet att utveckla min talang maximalt i schack tror jag skulle kunna bli lite bättre än Bobby Fischer och Garri Kasparov som har likheter med varandra och jag är lik båda på olika sätt.

De säger man blir ensam när man vet mer än andra och upplever en hög nivå på sitt intellekt, känt är att en Gud njuter av tystnad och talar sällan och väljer sitt sällskap. Jag upplever det underbara ofta på enkelt sätt genom att tänka utifrån min livskärlek och samtidigt lyssna på musik som handlar om framtiden. En människa jag inte kan med är min livs förrädare. Det var många som inte tålde honom och någon har sagt att det finns ingen otrevligare människa än han som är hårda ord man kan tolka att han kunde vara jävligt otrevlig som människa. Man blir sitt eget offer av vrede och Gud brukar svara vrede med tystnad. Man kunna uppleva en enorm vrede att någon har förstört ditt liv. Hela mitt liv och hur jag känner mig som människa av min förrädares gärning i rollen Jesus har påverkat mig och känner ständig påverkan av det i en kraftlöshet även om jag når höjder genom visheten ibland som vinner själar. Herren gillar inte att man blir bitter och ältar det som varit och lämnar det åt sidan man ändå inte ändra på det som har hänt bara dra rätt slutsatser av det och försöka förstå orsaken och verkan av det och försöka göra det bästa av situationen och att lita på att Herren dömer rättvist. Men man kan inte fatta att han varit orsak och tillåtit något som förstört så mycket för han själv. Men tiden kanske läker de sår man kan inte reda ut med förnuftet. Men jag känner mig trygg i det att Gud aldrig överger mig och tillåter och älskar mig för hur jag vill vara som människa och verka som profet. Han givit mig fullmakt i ett avseende att forma en ny religion och ett nytt förbund och förklarar människor rättfärdiga genom tron på mig med rätt att ärva Guds rike. Jag vill bara *vara Jesus på mitt eget sätt en del älskar men många inte accepterar och ofta förkastar mig som det.*

De två största mästarna för mig i schackhistorien som var något utöver det vanliga på hög nivå för mig är Alexander Aljechin och Bobby Fischer att man ser det på spelet och deras partier och även deras resultat i turneringar att det är så. De båda är slags gåtfulla motsägelsefulla myter som gav ett otroligt intryck genom sina partier ibland. Alexander Aljechin var nazist och Bobby Fischer är känd för sin antisemitism och idéer om en judisk världskonspiration som styr mycket världen. En bekant som en beundrare av dem betraktade dem som två gamla fina män. Jag tror de kände sig exceptionella som många konstnärer och upplevde paradiset mycket genom Nietzsches filosofi som rätt tolkad är mycket genialisk. I himlen säger de av de värsta människorna är de värsta judarna i världen med mycket makt och rikedom. Swedenborg skriver om den rike juden som den rike mannen som störtades ned i helvetet vilket älskade pengar mer än Gud och trodde hans rikedom skulle rädda honom inför Gud. Bobby Fischer var jude men räknas inte som jude och det är likadant med Jesus. Galna genier spelar ofta schack för att få bekräftelse och utlopp för sin genialitet i spelet. De känner sig ofta exceptionella och klasslösa som slags kungar man är om man har någon kunglighet över sig. Bobby Fischer och jag har stora likheter och olikheter både som människa och i vårt språkbruk och vår spelstil i schack och i vårt utseende som unga män. Jag ser den bibliske Jesus erkänd genom sitt ord som en myt som gått förlorad i mig ungefär som myten om Bobby Fischer gick förlorad genom spelet i matchen mot Boris Spassky 1992 i Serbien. Ett levande geni som Bobby Fischer jag påminner om ger intrycket att vara både

geni och idiot och vara motsägelsefull som präglas av att man förstår
allt på så sätt att man ser igenom allt på en nirvana nivå där man inte
är bäst på allt praktiskt och räkna ut allt. En bekant menade att Mikhail
Tal var ingen psykopat även om han såg lite skräckinjagande och hade
en skarp hypnotisk blick. Han var mer osäker på om Bobby Fischer var
psykopat eller inte men menade att alla har det psykopatiska i sig mer
eller mindre. Mitt intryck är att med mig själv med en liknande natur
som Messias vilket är en helig person kan inte befatta mig med synd
som gör att han reagerar konstigt på det och tänker sjuka tankar av det.
Att vara lite sjuk i skallen på ett positivt sätt är både en styrka och en
svaghet. Man kan upplevas både oförskämd och genialisk av det för att
man förstår och ser mer av det och samtidigt tvärtom. Det upplevs både
befriande och begränsade. Man blir ofta missförstådd av det och i
upplevd telepati kan det vara förödande. Det upplevs ibland som
tvångstankar man fixerar sig vid. Känt är att hjärnan producerar onda
tankar hos människor man kan lära sig hantera som trädgård som leder
till att de blir mindre och nästan avlägsnas av det. Viktor Forsberg
kallade mig för en livs levande Patrik Bateman, karaktären i den
psykologiska thrillern American pscycho som finns både som bok och
film. Det handlar om en otroligt intelligent människa och en psykopats
sjuka hjärna jag känner igen mig i ibland. Människorna i världen
tänker rationellt men på en lägre nivå Jag ger intrycket av att tänka
irrationellt men är mer rationellt och coolt på en högre nivå. Det är
precis som jag lever i en annan värld men lever i världen. Människor
får intrycket jag uppträder som en räv som är i den egna klokheten och
befinner samtidigt på en högre dimension i tänkandet som upplevs
illusoriskt att jag är inte där. Jag är inte rädd för att bli gammal och
vill uppleva en bra tid som gammal i världen. Men den åldrande

kroppen kan upplevas som en börda för själen. Fördelen med att bli riktigt gammal är att man har ingen framtid i världen och känner av kontakten från den andra sidan som känns både befriande, spännande och tar bort rädslan från döden. En del gamla människor som läser många böcker blir som jordiska änglar som är synonymt med himmelska människor vilket tillhör himlen. Swedenborg som förutspådde sin dödsdag ville ha mycket sång och folk omkring sig då och kände på sig att dö är som att byta rum och få en ny klädnad och uppleva en ny värld. Alla blir historier till slut som blir slags myter och levande legender i himlen det är spännande att uppleva där.

Jag vill inte styra världen men himlen

Mycket i världen handlar om en strävan att få ordning på allt debatten ventilerar om ofta men är fylld med konflikter och kan upplevas som inget hjälper att bara nya problem uppstår hela tiden. Många bryr sig inte om det och lever sin egna liv på ett så bra sätt som möjligt. Världen fungerar bara på en viss nivå men ingen optimal nivå. När Nietzsche menar att lagen att den starke oftast vinner måste gälla annars blir det inte bra så menar han att de bästa ska vinna generellt men inte alltid för att de uppstår en bäst ordning av det i ett avseende i olika sammanhang och jag håller med. Jag tror man upplever denna lag på ett positivt sätt även i himlen som bara inspirerar andra att förbättra sig. Jag är inte bäst på allt jag har inte den ambitionen men jag är bäst i den form och roll jag har som vishetslärare och frälsare. Meningen är att jag ska vara den högsta ordningen vara i ordet som uppenbaras ibland och styra himlarna i jordelivet i Guds rike. Jag är bara en upplyst filosof som är bäst lämpad att ha makten för att jag vill ha den som innebär att jag skulle aldrig missbruka den och ger andra mycket frihet att de känner sig helt fria. Men alla har djup respekt och rättar sig efter Guds son de inte sätter sig upp mot i Guds rike. Man kan diskutera och ställa frågor till mig jag förväntas bedriva och svara på ett väldigt bra sätt. Jag förbättras av det genom tillväxande vishet men även det mest visa förståndet kan lära sig någonting nytt av livet andra människor och att tänka. Ondska är främst som att stå i centrum hela tiden och härska över andra med makt och så kommer man därför inte uppleva mig som i Guds rike.

Vi lever i ett överflöd av information men svälter i vishet på sociala medier i världen men jag har vishet. Vishet och intelligens utgör människan att det är vi hur vi förstår kan man säga. Genom arrogans har man svårt att bättras och se sanningen eftersom man tror man är perfekt och vet allt. Allt du säger ska vara sant men allt sant ska inte sägas. Ändra dina tankar och ändra din värld. Man kan säga att Gud är ingenting utan människorna men utan Gud är människorna ingenting. Gud är alltså beroende av människorna och de är beroende av Gud men alla tar inte det på tillräckligt allvar och går under av det till slut. Det är både Gud och människan som är problemet men det är människorna som skapar problemen. Gud och människan både hatar och älskar varandra i en hatkärlek.

Den bibliske Jesus var i betraktande så tråkig och opersonlig för att kunna accepteras av alla men judarna hatade honom. Hans djupa vishet visar sig mycket i mötet med människor när han tillrättavisar dem och sina liknelser som präglas berättelser. Men han var trots allt påverkad av sin tid. mycket av hans undervisning är förborgad som jag uppenbarat i ett avseende. Bibeln uppenbarar det högsta av Jesus i ett avseende. De stora idéerna med Jesus och hans undervisning är bara uppenbarad i Bibeln som handlar om han själv och Gudsrike. De som är intresserade av Guds rike genom mig kommer in i en högre värld och de som är ointresserade lever i en lägre värld. Kyrkans Jesus är en antikrist många kristna hycklare tror på och prisar i en idol och avgudadyrkan utan att röra vid honom. Min syn är att kyrkorna i världen är avfallna från den rätta vägen. Kyrkor uppstår och går under regelbundet i världen men det är oundvikligt att de är inte statiska men de kan existera under långa perioder. Kyrkans tro är en gemensam tro och därför en kompromiss då det sanna budskapet från Gud och hans profeter inte går fram.

Kan det spridas på världsnyheterna att Jesus kommit tillbaka? Men han är ingen världslig konung att han vill visa sig för världen som strävar åt ett annat håll och lever ett annat liv. Jesus återkomst är både dold och uppenbar och han bli accepterad för att han stör ingen utan är bara behaglig. Jesus blir inte dödad i denna värld men kan inte verka som han gjorde i Israel i något land i modern tid. Det är inte meningsfullt att Jesus skulle uppträda likadant som han gjorde första gången. Jag tror att en modern Jesus skulle utnyttja Facebook som en portal för hans undervisning och skriva böcker. Bara för att man skriver inlägg som upplevs osammanhängande behöver man inte vara sinnessjuk. Man ska bedöma varje inlägg solitärt. Mina inlägg handlar om olika aspekter och befinner sig ibland på olika nivåer. Stundtals når jag höjder genom min vishet. Vi blir ofta upphöjda genom att upphöja andra för något som verkar sant. Kommunikation på sociala medier betyder mycket för en intellektuell övertänkare som vill sprida och kredit för sina idéer och tankar jag ger intrycket av att vara. Vad man skriver är mäktigare än svärdet när man tillför med intressanta tankar som är tankeväckande och tilltalande. Ordet har förmåga att påverka människor positivt eller negativt. Det är bättre att erkänna mig som ett geni om man upplever det då man blir min vän än att se Jesus som Gud då man blir hans fiende då man ser han som något han inte är och ger han egenskaper och förväntar sig något han inte leva upp till. Mitt språkbruk i det jag skriver påminner om kung Salomos nivå men inte Jesus nivå i Bibeln. Jag tror många gillar det jag skriver och finner det intressant även om det upplevs kraftlöst och som bara kall vishet. Men för många människor som inte erkänner det gudomliga är det gudomliga ingenting och det upplevs bara verklighetsfrämmande i stället för härligt. Därför tror många att jag blivit knäpp som skriver många inlägg på Facebook som är inspirerade av det gudomliga som handlar om det gudomliga. Jag står för ett helt annat väsen i livet utan att ingenting försvinner men förädlas mentalt att man får en annan syn på allt. Jag förstår inte mycket om den aktuella världen präglad av politik och mammon men genomskådar det som är inget att bry sig om vilket buddhister kallar för dukkha (Allt världsligt). Falske profeten (Förtalaren) med sin list var rädd för mig och tyckte jag var en otäck jävel och en del upplever mig tvärtom alltså vara en härlig och inspirerande person. Man kan bygga i tystnad med något som människor inte kan attackera men vinna en vänskap med Gud av det. Men det roligt att uppenbara vad man tänker om det är goda och höga tankar man tänker. Jag tror en Kristuslik människa skulle stora likheter med Patrik Bateman karaktären i American psycho som handlar om en otroligt intelligent människa och en psykopats sjuka hjärna. Man kan tolka att Patrik Bateman fattar allt på den nivån att han kan ha en vänskap med Kristus de båda gillar. Ju mindre människor vet desto mer envist tror sig de veta. Den som tror *han vet är död men den som förhåller sig ödmjukt till det att inget är säkert är vid liv och vet mer.*

Min syn på satan

Jesus fördömer satan i Bibeln som tolkas symboliskt. Han säger att det finns ingen sanning i satan att han aldrig stått på sanningens sida efter sitt fall man kan uppleva med människor som begått hädelse mot anden och starka motståndare. Att tala mot anden är sådant människor fördömer och avskyr att höra som ger ett hemskt intryck. Det är likadant med att bara leva i ondska som det vore gott och hävda att satans verk är Guds verk och tro man är Gud när man säger det som också är hädelse mot anden. Men jag tror att Jesus gillade satan i sin rätta form och roll han hade från början i paradiset som Samael då det var mest fullkomligt upplevt i ett avseende. Jesus är känd för att kalla satan för lögnens Fader i världen man inser är sant är kollektivt väsen inom människor som säger så mycket man betraktar och inser efteråt inte är sant. Transcendent dualitet kan upplevas att satan och Gud är samma väsen i livet i många former av det i sina upplevelser i det. Satan är en ljusbringare och denna världens furste och Gud är en form av härskare och ljus i den genom sin upplysning. De är både motståndare och samtidigt samarbetar med varandra på ett konstigt och fullkomligt sätt.

Varför har jag djup vishet?

Frihet är mer upplevt när du slutar ifrågasätta allt men förstår allt bättre genom djup vishet. Förståndet öppet präglat av undran är mycket bättre än ett förstånd stängt av övertygelse. Den första är mycket lättare att argumentera med på ett konstruktivt sätt. Vishet handlar inte om att bli bäst på allt men förstå allt bäst. Kunskap är att lära sig nytt varje dag på en viss utvärtes nivå och vishet är att förstå allt bättre för varje dag på en högre nivå. Man ska inte leva och dö helt för sina övertygelser för man kanske hade fel utan vänta på vad som är sant på andra sidan när man kommer dit. Men en stark människa förlitar främst på sina bedrifter en svagare människa förlitar sig mer bara på hoppet som inte är helt övertygad som den starke. För att man är väldigt vis person behöver inte vara alltid en bra människa som ställer upp och uppoffrar sig själv för andra. Att inse och erkänna att man är inte en bra människa blir man lite bra människa och är ofarlig för andra oftast av det. Att vara en bra människa i världen blir man inte alltid älskad för utan ofta i stället utnyttjad för att man är för snäll. Vad är det för mening med att känna stor empati till lidande människor som man inte kan hjälpa jag gör inte det för det ger bara upphov till mitt eget lidande. Jag får bara dåligt samvete när jag drabbar andra människor och när jag kan hjälpa andra men gör det inte. Därför drabbar jag ingen och hjälper till när jag kan. Visdom fungerar som ett organiserat liv där man upplever kontroll och är bästa upplevelsen av friheten. Vishet är att inse att allt hat två sidor och det finns en orsak och verkan med allt. En vis man skapar mer möjligheter än som framträder och ser möjligheterna i allt den löser ofta med sin vishet.

Berömda män kända för något stort har erövrat många av världens själar genom att förverkliga sig själva. Berömmelse och visheten är den största rikedomen för den som upplever den. Även en vis man inser att den är idiot ibland de försöker arbeta bort genom bättring. Synd betyder missa målet och är en form av idioti. Människor är syndare mycket för sin dårskap som de kan bara befria sig från genom att vinna vishet. Man ska förverkliga sin egen vishet som innebär att man blir sin vishet förkroppsligad att man blir det man tänker på att det formar mycket intrycket av en. Skönheten strålar från ett lyckligt ansikte. Det mest visa förståndet kan alltid lära sig något nytt av livet, böcker och andra människor. En vis man är en lärare till få men många är en lärare till en vis som lär sig av alla och allt. Varje människa kan känna sig vis genom att inse att det vet ingenting på den nivån Gud vet allt. Man vet bara lite som kan upplevas som mycket om man levt länge. Livet är fullt av frågor som är obesvarade för visa män men för idioter är livet fullt av fullständiga svar. Visa män präglas av storhet och stora idéer och diskuterar inte så ofta andra människor och händelser. Behovet att alltid ha rätt är ett tecken på ett vulgärt förstånd och tänkande och motsatsen är ett tecken på ett himmelskt förstånd och tänkande. Jag har kommit fram till att vishet är en form av hög intelligens men intelligens är inte en hög form av vishet. Men utan logik kan man inte vara vis däremot kan man vara logisk utan vishet. Den värsta fiende till din kreativitet och intelligens är att du har dåligt självförtroende och tvivlar på dig själv av tidigare dåliga erfarenheter men man utvecklas av tillväxande vishet och leva i det himmelska. Var med människor som förbättrar dig och ser dig som en själ de som inte gör det försämrar dig. Men ibland känner man sympati med fiender för de förstår dig och ibland känner man tvärtom med vänner som inte förstår dig. Förståelse är viktigt att känna från andra. Ofta uppskattar man mer en vän man lita på i kritiska lägen än någon man blir bara älskad av men inte kan lita på i alla lägen. Man kan lägga ner nästan hur mycket tid på något man upplever har en själ men det som inte har en själ tröttnar man fort på. Genom sin egen själ får mycket annat en själ att själar har en tendens att uppleva varandra. Jag arbetar ofta på min bättring. pånyttfödelse och frälsning och upplever min bildning och vishet fördjupas av det. Men människor gör inte alltid vad de tror på som är enligt deras övertygelser och syn på livet de gör de som faller dem in i stunden ofta och ångrar sig efteråt. Detta präglar nästan alla människor i världen även stora tänkare och profeter. De kan uppleva sig som andliga varelser som blir utsatt frestelser och destruktiva impulser men segrar alltid. Men en del upplever sig som syndens slavar i en ond cirkel i deras liv där hoppet finns och inte övergivit dem helt.

Jag har fått en ingivelse att Lasse Häger sagt att min vishet påminner om Kung Salomo känd som den visaste människa som levt på jorden och att jag är en oerfaren kvinnokarl som guida en vacker kvinnas hjärta med min vishet liknande Salomo. Genom att sträva att tillväxa i vishet blir man en intressantare människa för andra för man förbättrar sin förståelse för allt och sin samtalkonst och hantera konkreta situationer och det är en slags förbindelse med Gud som kan upplevas magisk och spännande när man upplever den i aktion. Genom att leva i det himmelska blir man intelligentare av det. Det stora är att man kan vinna odödlighet och en vänskap med Gud och de stora vishetslärarna i himlen genom att bli en vishetsälskare. Livet upplevs ofta som en dröm för den vise redan i världen som talar för att det upplevs så ännu starkare även i himlen fast man är väl medveten om att man är där.

Swedenborg menar att man måste bli upplyst för att kunna upplysa andra. Det innebär att uppnå klarhet och se det enkla i det komplexa hur komplext det än är. Det handlar även om att uppnå gudomlig universell visdom som innebär mindre lidande och mer glädje i allt. Det betyder att ställa färre frågor och ha fler svar och uppleva livet mer genom att eliminera negativa syften att bli upplyst på en väldigt hög nivå. Det handlar även om att nå full frid och nirvana i upplevelsen av jordelivet, naturen och den andliga världen med andra som upplever likadant. Det betecknar förverkligande och spridning av Gudsrike som finns mycket inom människan genom att många blir upplysta. Det kan ses och upplevas som befrielse från träldom.

Susanna Åkerman som är ledande expert i Sverige på Swedenborgs religion har läst min första bok och säger att det är en underhållande bok och rolig läsning för den som gillar ett högt tänkande med någorlunda hög kvalitet på språket som tar upp många områden i livet vilket är aktuella för alla. Jag har djup respekt och höga tankar om hennes kunnande om Swedenborgs religion. Swedenborg säger att det ska komma en lilja i Norden och Susanna betyder det på hebreiska. Jag ser det som en liten detalj som har stor innebörd som en andlig sanning. Det finns inget mer lojal vän än en bok man lär sig mycket av och läser om och om igen du upptäcker nytt med hela tiden som upplevs intressant man kan uppleva med min första bok. Jag har djup vishet därför att fått den från Gud och undrar och ständigt söker sanningen och är medveten om mina onda tankar hjärnan producerar jag försöker hantera som en trädgård för att tänka bättre. Tankar är en mycket viktig faktor i vårt liv. Tankar påverkar starkt alla våra handlingar. Det gäller både att skydda sig och berika sig av dem och tänka på vad man tänker på.

Självbehärskning och kontroll är styrka och rätt tänkande om allt är ett mästerverk och lugn är en kraft. Mediokra förstånd känner bara sig själva men talangfulla förstånd identifierar genialitet. Känt är att vishet börjar med att frukta Gud och lära känna sig själv och försöka förstå den aktuella världen och vara medveten att man ignorerar mycket. Men djup vishet är kraftlöst om det inte uppenbaras bland folket. De upplever min vishet bara lite grann genom ljuset som Herren uppenbarar, men inget som förvandlar verkligheten. Vishet är något som låter bra när man läser det vilket är uppenbart utan förklaring och ibland når man höjder av den. Det som gör vishet så stort är att det är en slags förbindelse med Gud. Vishet innebär att skriva bra och göra allt på rätt sätt i konkreta situationer och förstå allt på en djup nivå. Verklig upplysning kommer från andligt ljus, men den egentliga upplysningen från det ljuset är inte uppenbar för någon i den naturliga världen, eftersom naturligt ljus inte har något gemensamt med andligt ljus. Det finns inget mer lojal vän än en bok man lär sig mycket av och läser om och om igen du upptäcker nytt med hela tiden som upplevs intressant man kan uppleva med min första bok.

Min himmel

Filosofen Emanuel Kant läste Swedenborgs böcker om himlen men avfärdar inte han som en tokig idiot en del tror. Men Kant menar att Swedenborg blandar naturliga begrepp med metafysiska begrepp som inte är förenligt med förnuftet när han försöker beskriva himlen. Det är ett kategorimisstag. Känt är att blanda olika begrepp med varandra i en *mix leder inte till en korrekt förståelse. Kant är känd för att hävda att människan måste vara rotad i tid och rum och uppleva orsak och verkan för att kunna tänka som Swedenborg menar inte förekommer bland änglar i himlen på samma sätt att det upplever det fullkomligt i stället som är svårt att beskriva och tro på. Kants syn är mer rimlig. Jag tror Swedenborg kan uppenbara många sanningar om himlen men han kan inte beskriva det att det blir trovärdigt. Jag har fått ett budskap från himlen att en del av Swedenborgs uppfattningar om hur det är i himlen när han befann sig i världen är felaktiga men intressanta. Jag tror bara hans föreställningar och beskrivningar om det är påverkat mycket av hans upplevelser av andarnas värld och syner han hade om himlen. Min himmel är starkt påverkad av min föreställningsförmåga och är en konkret värld för att allt börjar i det konkreta och slutar konkreta men mycket kan upplevas där mellan som upplevs som en andlig värld. En del menar att man tar för stora steg när man försöker beskriva himlen. En andlig värld är en fysisk värld vilket inte går att beskriva, som det extremt vackra, att man måste se och uppleva det. Vi har inte facit i världen hur det är i himlen huvudsaken är att man har en modell av det man trivs med och inte är orolig över som kan föreställa sig. Någon har sagt att alla världar är virtuella och verkliga för att alla upplever dem olika med bara sinnen och man kan fråga sig vem har rätt även om man kan ha gemensamma upplevelser i dem. Man upplever begränsande perspektiv från sin upplevda värld men det finns oändligt många perspektiv upplevt genom människor. Genom empati, intelligens och föreställningsförmåga förstår man dem lättare som andra upplever som ökar upplevelsen av livet och vidgar det. Ibland är det intressant och ofta ointressant. En upplevd virtuell värld är en fantasivärld som skapas av din fantasi och föreställningsförmåga som inte har några gränser som relaterar med den verkliga världen. Jag brukar säga ibland att det finns inget utanför världsalltet samtidigt finns det inget allt men alla förstår inte det, men jag förstår det även om det kan upplevas abstrakt men logiskt för mig i min själ. Jag tycker det är en sund uppfattning om rummet och tiden och universum som påverkar min bild av Guds rike. Jag tror det gudomliga utan tid och rum är bara upphöjda upplevelser av dem i sina sinnen rotad i tid och rum. Swedenborg säger att tiden känns lång eller kort beroende på hur den uppkommer i tanken när man har roligt eller tråkigt och upplever minnen och återföreningar i livet som ger upphov till både lidande och glädje. Något likande kan man uppleva även med rummet när man reser och befinner sig där man är hela tiden. Det känns som att rummet kan vidgas och att man kan uppleva det otroliga djupet i det. I nuet finns inte tiden och rummet upplevs oändligt stort är en iakttagelse jag gjort.*

Jag kallar världen för den naturliga världen och himlen för den andliga världen men menar att man måste leva både i en naturlig värld och andlig värld samtidigt i både världen och himlen som är en sund uppfattning för att man kan föreställa sig det till en viss grad i de olika världarna. Man kan uppleva den andliga världen tom och då upplevs det bara som en naturlig värld. Man kan även uppleva den andliga världen genomströmmad av Herren som ger själ till universum, flykt till fantasin, vingar till sinnet och liv till allt. Man upplever en sfär av det genom musiken man uppskattar men en sfär är bara ett litet område av helheten. Man kan uppleva liggandes på sängen när man söker kontakt med Herren och han uppenbarar syner att man förflyttar sig i den andliga världen genom att ändra tillstånd man upplever bara i sina sinnen. Det är oftast bara utvalda profeter som erfar det. Swedenborg insåg i en dröm att sann Gudsdyrkan och kontakt med Gud kräver rening från all synd och ondska annars är det inte möjligt. Så han strävade att uppnå det, för han älskade upplevelser av den andliga världen i sina sinnen, då så mycket framträder i tillvaron. Att rena sig från all ondska och synd innebär att man säger nej till alla frestelser söker Herren och börja tänka som han vilket innebär det skönaste tänkandet som finns. Då man uppnår det börjar man samtala med Honom som han är Herren Jesus Kristus och blir frälst. Det finns inga andra vägar till Gud. Jag hoppas på uppenbarelsen och ondskans undergång och att alla ska förstå allt till slut och ha Gudsrike inom sig då paradiset uppstår på jorden som det är upprättat i himlen. Men det är få människor som söker Herren i världen så det är en dröm. Herren vill bli erkänd och älskad för sin egen skull bland många för att uppenbara sig ibland dem annars upplevs det kallt. Att erkänna Gud innebär att erkänna det gudomliga och älska Gud innebär att sträva efter att förstå Honom som kan vara svårt men visheten hjälper till med det och ett ödmjukt fördomsfritt sinne som försöker se allt som det är och varit.

Vietnamkriget

De säger att krig förändrar människor och de hittar aldrig hem i världen att de upplever det som från början. Mord är inte oförlåtligt men man är aldrig samma person efter att dödat en annan människa och i krig brukar man döda många människor för att inte själv bli dödad. Världen är det mentala för människan. Därför har jag alltid intresserad av Vietnamkriget. De säger att paradiset börjar i helvetet. Vietnam är mycket vackert land och man trivs bäst i gröna miljöer men kriget var ett helvete. Många tycker man ska fördöma det kriget hårt att det var ett folkmord och omotiverat. Många män gjorde sin plikt och sökte ett äventyr i det som unga män. Soldaterna hade kontakt med döden varje dag och var beroende av varandra med hela livet framför sig för att överleva. Jag tror de upptäckte en annan dimension av livet genom sina traumatiska upplevelser märker man i deras berättelser av det efteråt. Det förekom mycket heroism. Det innebär att man riskerar sitt eget liv för att rädda andra. Jesus säger att ingen älskar en annan människa mer än att han ger sitt liv för henne. De utvecklade finare band mellan varandra ofta än man gör i familjer under kriget men var efteråt när de kom hem verkade de ganska och en del väldigt knäckta av det. Jag är bara intresserad av den dimension av livet de levde i och upptäckte. De var annorlunda när de kom hem och många undrade vad som egentligen dem där. Det tillhör livsöden i världen men om man upplever Gudsrike inom sig får man distans till det och inser galenskapen med det kriget men så tänker man inte alltid när man levt i bara världen mentalt och tror det är den enda världen. Man nästan se på Vietnamveteraner att de har något gemensamt genom intrycket man får av dem att de upplevt och sett mycket hemskt där. Lidande förändrar människor en del blir oförskämda och en del blir tystlåtna av det som Gud. Stort lidande kan leda till vishet och rättfärdighet som kan leda till odödlighet och har en tendens att ändra på allt. Den människan som har en anledning att leva kan stå ut och finna sig med mycket i livet. Den största återkomsten upplevs av att bli lycklig och ung igen.

Det förekom rätt mycket minor och boobytraps i Vietnamkriget. De fick lära sig på grundutbildningen att när man trampar på en mina så smäller det inte bara när man trampar upp. Även Australien var involverade i konflikten i Vietnam. En australisk film om Vietnamkriget som hette "Vi gick igenom helvetet" som baseras på en sann historia skildrade det hur grymt det kunde vara ibland. De gick på ett fält som var minerat och det smäller och folk ramlar ihop men det är en kille som trampar ner men inte upp. Han blir stående där och teknikerna kommer men kan inget göra men säger att han ska försöka hoppa så långt som möjligt men att ett ben kan rycka. Men han vågar inte och han står där länge och det slutar med att han bara ramlar ihop till slut och dör av det. Många som träffades av boobytraps fick så otäcka skador av det att de dog av chocken direkt av det. Han som har huvudrollen i filmen blir kär i en ung kvinna i en by som senare går med i motståndsrörelsen. Han blir senare erbjuden att bli specialsoldat som blir expert på att döda och få bort all rädsla för att själv dö. När de är ute i djungeln på uppdrag stöter han på tjejen han var kär i och hade ett förhållande som en av hans *medsoldater dödar med en kniv i ett bakhåll och han blir helt chockad av det i en jättegrym scen där hon bara tittar på honom innan hon dör.

Effekter

Utan upplevd kraft och effekt blir människan ofta uttråkad och förnekar ofta det gudomliga av det. Med kraft och effekt ljusnar hennes sinne för det gudomliga. Eftersom Guds vilja hör ihop med hans kraft kan det upplevas väldigt kraftfullt om Gud uppenbarar sig av det. Allt i denna värld skapas av orsaker och omständigheter som har olika verkningar och utan det så är kanske inte effekter möjliga. Genom att befinna sig i det innersta i sina tankar och sinnen där man finner Gud och man lever sig in i det samtidigt som man lyssnar på sina favoritlåtar kan man *uppleva något som påminner om Guds kraft i sin bästa form. Man kan uppleva lite kraft i Ordet och i musiken trots inflation eftersom de är gudomliga väsen om man når höjder av dem genom visheten.*

Ibland tycker jag det är intressant att kolla på dokumentärer om stridspiloter i dogfight, där man upplever praktisk kunskap, effekter, timing, pånyttfödelse och skönheten av matematiken där man kämpar för att överleva som leder till högre nivåer och salighet när de berättar om det långt efteråt. Att vinna en dogfight där man riskerar att dö är som att bli född på nytt beskriver de som varit med om det. Man kan uppleva det både meningsfullt och meningslöst beroende på vilken värld man lever i. Den världen i himlarna kräver uppmärksamhet och intelligens på en hög nivå och agera rätt snabbt ibland på några få sekunder. Det är en ständig kamp om överlevnad. Man upplever alltid praktisk kunskap och skönheten av matematiken som genomsyrar allt som präglas av en evig strid som kan upplevas som ett liv och ett skapande.

Behovet av att uppleva former

Människan är beroende av att uppleva former. Fysiska ting är former som man kan förhålla sig till, uppleva och beskriva. Jag tror Swedenborg menar att alla former i den andliga världen upplevs som former inom former som gör att det upplevs fysiskt och verkligt utan att vara fysiskt i sina sinnen men detta kan uppleva redan i detta liv när man känner genomströmning av den andliga världen. Man kan säga att verkligheten formas av allt man ser och upplever. All förbindelse i den andliga världen i ett avseende sker genom insikt och man förflyttar sig där genom att ändra tillstånd som sker i sina sinnen. Då man kommer från allt materiellt som upplevs grovt och dunkelt som är ett hinder för mycket även den kan upplevas bortom det okända och i skyarna men ändå närvarande i sina sinnen och ska upplevas verkligare än vår verklighet. Men det finns en uppfattning att vår verklighet kan inte upphöra fysiskt och att verkligheten finns bara i ditt förstånd och dina sinnen som behöver en fysisk och andlig kropp. Verkligheten kan bara förvandlas i verkligheten och inom människan. Gnosticismen anser att det materiella är bara till ondo. Platonismen har den synen att många människor är fångna i sina själar i det materiella som styr mycket världen. Swedenborg har den uppfattningen att det materiella behövs som en grund och kan erfaras finmateriellt som upplevs som andlig materia i himlen. Att materia och ande suddas ut till ett upplever jag redan i mitt liv i mina sinnen och är en platonsk idé man erfar när man ser allt med andliga ögon. Förståndet som upptäcker nya idéer och världar återvänder sällan i sitt sökande till sina ursprungliga upplevda dimensioner och detta kan man se hos Swedenborg när han beskriver himlen. Min uppfattning har alltid varit att man måste leva och uppleva en fysisk värld och en andlig värld. Samtidigt men man kan uppleva dem på olika sätt. Tomma eller innehållsrika grova och dunkla eller kärleksfulla som ger upphov till exakta sinnesintryck av dem. Allt börjar och slutar i det konkreta vilket låter rimligt och sant man kan tolka att det är alltid konkret upplevt i ett avseende i tillvaron även om man kan uppleva en andlig värld i sina sinnen samtidigt. En fullkomligt upplevd andlig värld är en fullkomligt upplevd fysisk värld som har rum och tid man kan uppleva utan rum och tid som är den gudomliga upplevelsen av dem. Tiden och rummet känns lång eller kort stort eller litet beroende på hur de uppkommer i tanken när man har tråkigt eller roligt i livet som är både naturliga och gudomliga upplevelser av dem i sina sinnen.

Swedenborgs idé om en perfekt balans av ont och gott

Det finns en gammal illusion om gott och ont enligt Nietzsche. Man kan tolka att människor vet inte egentligen vad det är och upplever det inte på ett bra sätt. Men en bekant menar att det är uppenbart för de flesta vad det handlar om.. Buddha säger att ondska måste alltid få finnas så att godheten ska kunna visa sig ovanför, bättre och renare av det. Swedenborg säger att han fått alla sina idéer direkt från Herren. Hans idé om en perfekt balans av ont och gott är enkel och även en oklarhet och komplex idé som handlar om att uppleva allt på en högre nivå som genomlevs bättre. Jag tror Swedenborgs ide handlar inte om att alltid ska balansera det onda med det goda aktivt men att man ska inte vara avskuren från någon känsla och uppleva en frihet Herren aldrig tar bort från människan. Genom att ha kontakt med sina mörka sidor blir man en helare och friare människa och det goda upplevs bättre av det. Ont och gott kan fungera ihop i en balans i det köttsliga och andliga i en himmelsk form, men kärlek och hat fungerar inte ihop på samma sätt. Swedenborg menar att människor som aldrig kommer i kontakt med det onda i sex, musik, humor och vänskap blir fnoskiga, alltså outvecklade och enfaldiga som individer. Men eftersom ondska är bara frånvaron av det goda kan det upplevas attraktivt att balansera det onda med det goda ibland som är något bra hedningar gillar mycket men kristna ofta tar avstånd från som gör att de upplevs så tråkiga av det. Människor väljer inte det onda alltid för att det är ont men söker lycka i det men det leder ofta till ett misslyckande om man inte upplever en perfekt balans av gott och ont i det som handlar om att balansera det på bästa sätt och nå upplevelser som ibland står nästan över det gudomliga. Erfarenheter av musik och det sexuella handlar ofta om det när man försöker nå och känna sig överens genom konflikten med varandra genom olika känslor man gillar. Varje känsla har sin egen glädje, och varje därav kommande tanke har sitt eget behag. Det goda och det sanna med det onda kan upplevas konkret och som förändrings- och variationstillstånd i sinnets form som ger upphov till goda sinnesupplevelser.

Swedenborgs idé syftar till att hellre frihet med fara än fred som upplevs slaveri. Livet utan möjligheten att dö innebär ett slaveri och inget att rätta sig efter. Ondska är ofta det elaka man säger att man syndar mest genom tungan. Frihet innebär att få säga det andra inte alltid vill höra man upplever även i himlen. Onda människor upprörs inte av ondska men goda människor gör det som upplever sin själ och samvete och Guds närvaro av det. Ondska kan upplevas som likgiltighet och extrem känslokyla och grymhet men inte varma köttsliga känslor. En del ser det lite skyldiga, tuffa och erfarna som det rätta och det liv de uppskattar och det oskyldiga oerfarna och mesiga som något som är fel och tillhör det liv de inte uppskattar. Men båda karaktärsdragen förekommer i himlen och det viktiga är att man är snäll. Man kan se Gud som en idé och värde i livet när en idé anses attraktiv får den värde och liv annars dör idéerna. Matematiken är poesin om logiska idéer Gud inte avfärdar utan bekräftar som är intressanta på sitt sätt.

Swedenborg försöker presentera Gud i idéer som är värdefulla för det upplevda livet.

Guds vilja och hans kraft

Man upplever alltid livet men inte alltid kraften. Ibland kan bara föreställa sig kraften och leva på minnet av den man upplevt. Men kan alltid bli vis och upplyst och vara spirituell och skön i anden och tänkandet. Människor måste vilja kraften för att uppleva den och för att den ska lyckas men de vet inte hur de upprättar kraften och utan Gud går det inte. Gud är både livet och kraften. Människan är en stor kraft och har en stark vilja. Men hon har svårt att göra Guds vilja i världen men lättare i himlen. Den hör ihop med hans kraft och baseras på fullkomligheter och inga ofullkomligheter att man handlar rätt och säger rätt i alla situationer man kan uppleva variation i. Detta präglas av att inte göra och säga mer än man behöver men att det upplevs tillräckligt och fullkomligt. Att uppleva kraften tänker jag att man måste vara närvarande i varje stund. Fullkomligheter är överkurs jämfört med att utföra goda gärningar efter sin förmåga. Man kan uppleva en kraft i allt och all andlighet ligger gömd i balansen av alla andliga och fysiska krafter alltså inre och yttre krafter och uppleva att de samverkar och korresponderar när det upplevs som bäst. Jag tycker man ska se alla Guds väsen och människan Jesus som ett mysterium vilket besår av en enkel och svår sanning som kan bara

uppenbaras av vishet och helig ande. Då upplevs de mest
spännande man får mest respekt och ser som de är som verkar
mycket i inifrån och i Ordet. Gud säger jag är som säger rätt
mycket om hans väsen. Man kan se Gud som ett verb som
innebär att han är aktion och är aktiv och gillar action och
timing.

I den heliga skriften står det att man inte kan vara för rättfärdig och för
fullkomlig för att känna sig fri och mänsklig som människa i världen.
Det kanske betyder att även i paradiset tillåts lite synd Gud har
överseende med för att livet ska kunna upplevas på bästa sätt men ändå
kraftfullt. Det känns som Gud är för fixerad vid upplevd kraft, skönhet
och fullkomlighet som uppnås av Ordet som baseras på fullkomligheter.
Men få människor uppskattar det lika mycket som han och tycker livet
kan upplevas härligt ändå men aldrig riktigt fullkomligt utan den
upplevda kraften. Det är styrka att vara lugn oavsett situation eller vad
som händer som kan ofta rädda situationen genom vishet.

Jag tror det är många människor som upplever att Gud är död eller
bara upplevs som en illusion som är frustrerande både för människan
och Gud. Nietzsche uttryck att Gud är död ska tolkas symboliskt. Man
kan inte Gud döda fysiskt, men det handlar inte om det för Nietzsche.
Det handlar om att strunta i Gud och bara göra vad man känner för och
följa sin lust och eget tänkande man erfar sig mer fri av. Detta fenomen
präglar många människor i den moderna världen.

De säger att utan våra tankar och vad vi tänker har vi ingen kraft och
kan inte uppleva någon kraft. Kraften är en maskin man kan uppleva i
både världen i kroppen och i naturen. Fadern gillar Blue monday av

New order så mycket i sina bästa versioner med tung bas för den kan upplevas så kraftfull och påminner om hans egen kraft han vill uppenbara. Jag vet en kille som uppenbarade den för mig i min ungdom som var en upplevelse att lyssna på den för första gången. Människor som uppenbarar bra musik för en glömmer och fördömer man aldrig. Motsvarigheter kan verka som både en kraft och en vilja och är sådant som liknar och påminner om varandra men behöver inte ha något gemensamt men kan uppenbara sig i och komplettera varandra man kan uppleva med naturligt ljus och andligt ljus. Man upplever alltid en del av livet och kraften men inte så kraftfullt. Krafter och livet kan ge upphov till härliga upplevelser och effekter när man erfar timing av dem maskinellt och andligt som inre och fysiska krafter när allt fungerar perfekt. Detta kan leda till upplevelser av ett bättre liv och sitt eget självförverkligande när man blir ett med kraften och livet. Jag tänker att materien måste vara primär även i himlen där man upplever krafter och motsättningar överallt som skapar dialektiskt utveckling framåt för en fungerande värld och samhälle man lever i även i Guds rike där man måste samarbeta. Livet i världen och himlen går inte ut på att göra det andra förväntar sig att man ska göra utan göra det man själv vill göra utifrån sina möjligheter och begränsningar under Herrens ledning som leder en i det genom sina sinnen. Man kan uppleva kraft av det eftersom det är i enlighet med Guds vilja i livet. För att uppleva all kraft från Gud måste han uppenbara sig och man bli ett med det i sina tankar vilket upplevs befriande och inte som något tvång som ger upphov till timing för att man är under hans ledning i allt. Gud upplevs både objektiv och subjektiv i en översinnlighet.

Karl Marx

Karl Marx menade illusioner som enligt han präglar religioner kan inte rädda människan. Man kan säga att Jesus var full av visioner fri från illusioner man upplever själv om man förstår Honom. Bildning leder till tolerans men att bli för religiös leder till intolerans. Det första strävar att förstå men det senare förblindar dem i stället. Bildning leder till ödmjukhet då man inser att man inte är perfekt men religiösa arroganta människor tror de är perfekta och har rätt i allt.

Kontroll i samhället kan upplevas både som frihet och våld för individen. Intressant val är vilket föredrar man det kommunistiska helvetet eller det kapitalistiska helvetet? De upplevs hemska på olika och ett gemensamt sätt tror jag. Bedöm en kultur och civilisation hur bra de behandlar kvinnor. Gentlemän behandlar kvinnor bäst.

Samhället vill inte att du ska fri men rätta dig efter det. Det samhället anser är en form av ordning är en samtidigt en oordning. Många samhällen i världen fungerar hyggligt men långt ifrån fullkomligt. Systemet i världen har en tendens att brytas ner av sin egen ofullkomlighet. All utveckling i världen är inte förbättring och har mycket backlash, alltså förändringar som slår tillbaka.

De flesta tror inte på mammon i himlen att det fungerar bra där utan den genom att alla arbetar frivilligt där och får ut mycket av det. Men en del menar att det måste finnas ett medel som en motsvarighet till pengar i paradiset att det måste ske ett utbyte mellan människor annars vet man inte vad saker och ting är värda och kan orsaka stora köer. De tror det råder en gudomlig ekonomi i himlen som ger upphov ett kommunikationssystem där det goda balanserar det dåliga så att det blir en perfekt balans i det riket. Andreas Gottschalk som var en kristen socialist på 1840-talet sade den enda sanna kommunist som han lärt känna var Jesus Kristus. Han kanske tolkade Jesus uppmaning och budskap att allt mitt är ditt och allt ditt är mitt är den ultimata kommunismen som man förenar med en himmelsk anarkism i hans rike. Man säga att kommunismen förenklat fungerar inte i världen på grund av olika grupper som kommer till makten genom folket och roffar åt sig mycket och ser till att de får alla fördelar. Människor känner sig inte heller motiverade att arbeta om de inte kan tjäna på det är även en annan förklaring att det präglas av en negativ mentalitet.

Karl Marx anses var en av de största genierna i historien av många och hade den synen på samvetet att det är en personlig egenskap hos varje människa som styrs endast av egoistiska klassintressen. En del tycker det är en otäck uppfattning som anser att samvetet är gudomlig egenskap vilket står i förbindelse med Gudomen genom själen som ger förmåga till värme och mänsklig empati att förstå andra människor. En del menar att livet är orättvist och har sin orsak i både Gud och människan men Karl Marx menar att livet är orättvist endast för att människorna handlar efter sina klassintressen. För att få bort orättvisorna måste enligt han man krossa hela samhällsstrukturen och bilda en ny ingen har lyckats med i världen men har kanske lyckats i himlen. Teknologin anses härstamma från USA och komma från djävulen och vara inspirerad av Platons idévärld och det sexuella anses vara både gudomligt och djävulskt. Men många människor har stor glädje av både teknologin och det sexuella i sina liv. Drömmen vore om alla världen levde på rätt sätt och tänkte på ett vist sätt som påminde om en guldålder och ett paradis med en perfekt syn på det sexuella och rätt nivå på teknologin och använde pengar bara som ett medel där man har en begränsad rikedom. Det är möjligt att det Karl Marx drömde om att upprätta i världen är upprättat i himlen att Jesus är den sanne kommunisten och har den sanna synen på dialektiken och korrespondensläran som fungerar perfekt i himlen som förenas med uppenbarelsen från Gud vilket ger liv till allt. Karl Marx menar att den ekonomiska exploateringen måste upphöra och kan bara ske genom en slags revolution för att det bästa samhället ska uppstå på jorden. Det finns en tanke att det bästa samhället innehåller alla livets dyrbara skatter men har det bäst för de som har det sämst som påverkar starkt min bild på samhället i himlen. Jag tror alla kan acceptera det även de tillhör de som har det sämst om de upplever en hög nivå på levnadsstandarden och en himmelsk lycka som innebär att man uppskattar och upplever andras lycka lika mycket som sin egen lycka. För att kommunismen ska fungera i ett helt samhälle måste alla göra sin plikt och sitt efter sin förmåga och kunna samarbeta med varandra vilket är styrt av upplysta filosofer som uppvisar ingen girighet. Jag tror att egot måste få finnas som en drivkraft för att ett samhälle ska uppstå även i himlen att den kan inte bara bestå av en massa helgon vilket flyter omkring och tar avstånd från all ondska. En sann arbetare finner vägen till sig själv och upptäcker sig själv av det. Varje samhälle baseras på arbetare som kan upplevas lika fullkomliga med sitt om de utvecklar det till perfektion och det har stor nytta. Samhället i världen och himlen är utbytet av friheter och skyldigheter för att underlätta existensen genom att utföra nyttor och njuta av det goda.

Pengar är en bra tjänare men en dålig mästare. Men man är beroende av både bra tjänare och bra mästare för att lyckas själv i livet. Det är som Lasse Häger konstaterade humoristiskt om vi inte har pengar vad ska vi ha då i stället spriten? Det finns en uppfattning att utan pengar vet man inte vad saker är värda som orsakar köer och att man har pengar för att det finns brist på något som råvaror och arbetskraft. Pengar ger personlig frihet i ett samhälle. Därför har en del den uppfattningen att mammon också finns i Gudsrike där det råder en gudomlig ekonomi. Mammon har präglat världen under en lång tid tillbaka och innan rådde byteshandel som anses sämre för ett samhälle. Man kan leva mellan mammon och Gud. Man har staten, naturen, mammon och Gud att tacka för hela sin existens i världen och det kanske upplevs likande i himlen. Man kan uppleva dem alla påhittade utom naturen även om de upplevs verkliga och påverkar livet mycket. Det är precis som man bara hittar på något att sträva efter i världen för att skapa gemenskap och ett meningsfullt liv där. Det är likadant i himlen men upplevs mer som en dröm genom kärleken och visheten man erfar där.

Geniet Friedrich Nietzsche

Jag har en bekant som läst mycket filosofi på universitet av Nietzsche. Hans intryck är att han avfärdar och har egna idéer om allt för att en nå en ännu högre nivå på sin syn på allt och upplevelse av livet. Nietzsche betraktade att Gud är död. Jag menar i stället att Gud är svag men inte död och stark genom visheten man når höjder av ibland. Han hade en tro på ett paradis för de som lyckas bli slags övermänniskor vilket anammar hans idéer och synsätt på mycket. Jag tycker Nietzsche är mycket genialisk och ser han som en konstnärsfilosof, men en del betraktar hans idéer som farliga men bara om man förvränger dem och tolkar de fel annars är de upphöjande.

Man kan säga att han kommer men den råa sanningen och befinner sig ofta på djupet och höjderna med sin filosofi. Nietzsche är känd för sitt påstående att världen är redan vacker men har en sjukdom kallad människa som säger mycket. Han hade en dröm om en elit som inte slår ut människor men arbetar för att höja allas spel främst i upplevelsen i sinnet. Men man vill att livet upplevs både som ett spel och en dröm genom allt som gör det spännande och meningsfullt. Gud testar människor och människor testar varandra inbördes då man får möjlighet att visa sin förmåga. Utforskandet är det största spelet. När man förstår spelet upphör paniken. Allt präglas av ett spel och en strid och motsättning som skapar utveckling framåt. Motsatser finns alltid och skapar både skönhet och ett spel på en lägre nivå präglade av rimliga konflikter som höjer nivån och ambitionerna. Motsatsernas spel man upplever i världen genom alla konflikter skapar slags egna skönhetsupplevelser en vis dåre kan tycka är attraktivt som upplevs världsligt när man upplever och observerar allt i en upplevd fenomenvärld och idévärld. Nietzsche var inte ateist men hans Gud var död och en illusion som inte uppenbarar sig tillräckligt kraftfullt som han tolkade vara en ofullkomlighet hos Honom. Nietzsche kan inte älska en Gud som hela tiden vill bli prisad och kan inte dansa som är en humoristisk reflektion med ett djup. Man vill uppleva Gud mer lättsam och rolig är kanske budskapet som bjuder mer på sig. Nietzsche menar att man måste betala dyrt pris för odödlighet. Människan har odjuret i sig som kan bli en övermänniska genom upplysning och traumatiska upplevelser i livet vilket är något jag upplevt och kan bekräfta att det finns mycket sanning i Nietzsches uppfattning. Jag tror Nietzsche hade den uppfattningen att övermänniskor är odödliga och kommer till ett paradis när de dör i världen. Nietzsche säger att himlen finns överallt eller ingenstans att det är upplevt främst med hjärtat som är ett rimligt och vackert påstående. Värt att nämna är att vi säger inte vår Fader i himlen utan vår Fader i himlarna att det finns en nästan oändlig variation av dem eftersom vi är olika som människor. Nietzsche ser paradiset som en syntes av varandet (Det som är) och blivandet (Det som ska bli). Människor är ofta villiga att gå överallt än inom sig innerst inne där de finner upplevelsen av himlen.

Nietzsche gillade inte hur kristendom utvecklats och betraktade det vara en slavreligion för svaga människor som vacklar i tillvaron. Nietzsche ville ha en ny religion baserad på vishet och en hög nivå. Jag tror han ansåg att den att den sanna religionen är förenlig och bekräftar den sanna filosofin. Enligt Nietzsche och det finns inga fakta bara tolkningar en del bekräftar är sant och så vetenskapen fungerar. Allt vi hör är en åsikt och inte alltid fakta och allt vi ser är bara ett perspektiv och inte alltid sanningen. Jag tror Nietzsche såg Jesus undervisning som en bra idé om något högre men något människor inte förverkligar och kan inte förverkliga. Nietzsche betraktade religionen som något fundamentalt negativt eftersom det var något ont den hämmar starkt all skapande kraft och fritänkande om man utövar religion på fel sätt och ser den på fel sätt. Han kritiserar även vetenskapen på ett liknande sätt. Att bejaka livet var det högsta tillståndet för Nietzsche som innebär att se allt som det är och försöka se det vackra i det. Han talar om den oändliga viljan och den extasiska livsberusande upplevelsen för att känna sig unik och exceptionell av det genom sina egenskaper och olikheter som gör en intressant och vacker för andra. Det handlar om att känna sig fri och bli hög på livet och uppleva en oändlig utveckling mot Herren i sina sinnen som leder till ett bättre liv och förståelse av allt.

Att de sista ska bli de första och de första ska bli de sista är kända ord från Bibeln. Nietzsche tycker det är slavarnas syn och inte herrarnas. Det är därför han tycker kristendom är en slavreligion underkastad en slavmoral. Nietzsche förespråkar rikedom och ideal och stödjer den starke. Lagen att den starke vinner måste gälla annars blir det inte bra och leder till att slöddret vilket inte kan någonting styr stället och det uppstår ingen bra ordning av det. Att vara stark kan man vara både mentalt och fysiskt och som människa och i sin tro och kunnande. Platon ansåg att de mest upplysta filosoferna som minst vill ha makten ska styra samhället. Nietzsche menade om det är bara de kristna som kommer till himlen så är det mest ointressanta tråkiga människor som kommer dit och de intressanta och roliga människorna befinner sig i helvetet. Men Swedenborg försöker öppna och rädda intressanta och roliga människor för himlen med sina idéer och tolkningar.

Det är många konstnärer författare och tänkare vilket känner sig exceptionella som ser skönheten och paradiset genom Nietzsches filosofi och idéer. Övermänniskan är inte ond utan god men väldigt upplyst och ska hjälpa undermänniskorna, där man finner ondska och hat för att komma upp på sin egen nivå. Men svaghet kan bli mental styrka i upplevelse av den andliga världen. Jag älskar både starka och svaga människor som är samtidigt sköna människor. Värst tycker jag om hycklare som är mycket osköna människor. Nietzsche hade den föreställningen att många i himlen är ointressanta och att de flesta intressanta människor hamnar i helvetet. Det oskyldiga och oerfarna kan upplevas ointressanta och de skyldiga och erfarna mer intressanta.

Nietzsche sade att han kunde inte älska en Gud som vill bli prisad hela tiden och kan inte dansa.

Friedrich Nietzsche var nazisternas filosof. En dokumentär om nazismen menade att det påminde om Bondfilmen Moonraker vars handling går ut på att en skurk vill utrota alla genetiskt defekta människor och skapa ett paradis med bara vackra och intelligenta människor. Men jag tror det går bara skapa ett paradis med en oändlig mångfald där både fult och vackert upplevs vackert och upplevs som en välsignelse för de upplysta.

Nietzsche ville ha en ny religion liknande Swedenborgs religion där Gud gör om sig själv lite där han gynnar mer sanna och starka människor som mer oberoende i sig själva man kan uppleva i bra hedningar som inte hycklar. Det finns mycket genialitet i Nietzsches filosofi och jag älskar många av hans citat. Han ville se sanningen i vitögat, bara då kan man förändra något till det bättre genom sin inre syn och hur man ser på allt som påverkar hur man upplever allt. När du är rå i din sanning och genialitet känner andra av din energi man upplever mycket med filosofen Friedrich Nietzsche. Jesus säger till Pilatus att han kommit för att vittna om sanningen när han blev förhörd av honom. Pilatus säger vad är sanningen men Jesus svarade inte på det. Det var för komplicerat att svara på ett enkelt sätt även för Jesus för att inte låta dumt. Nietzsche menar att detta ställer hela kristendomen vid ett problem och att den faller på det enligt honom. Nietzsche menar att sanningen är både möjlig och omöjlig. Man kan bara förhålla sig till den och inte leva strikt till den hela tiden. Sanningen är mycket färskvara även om det finns eviga sanningar. Min syn är att Gud är sanningen på en viss nivå och kärlek och vishet. Ju

mer spirituell man är desto mer sanning kan man tolerera och tvärtom.
Sanningen är inte för alla bara för sökare i livet efter något större.
Sanningen förblir singulär form men verkligheten kan finnas i många
former nästan oändliga former genom sina sinnen. Det är bra att känna
till att det finns en universell lag att den absoluta sanningen kan inte
definieras exakt som den är. Det är därför visa män talar ofta i liknelser
för att framföra sina budskap om sanningen som är ett boende för våra
sinnen.

 Nietzsches syn på Jesu liv varför allt detta elände när det inte
behövdes. Han säger att ingen är Gud och Jesus var den ende sanna
människan som den första människan och den som var kristen på riktigt
mycket genom tänkandet och sitt sätt att vara. Att dö för kärleken och
sanningen som man känner den i sitt liv innebär ofta odödlighet. Jag
tror även lycksalighet i gudomliga sanningar som kännetecknar profeter
Gud har stor glädje i leder till evigt liv. Det finns något större än att
vinna allt i livet i världen man kan uppleva i himlen som är en
upplevelse av verklig fullkomlighet man erfar lite i musiken. Nietzsche
hatade kollektiv kristendom som präglas av hyckleri och okunnighet,
vilket han såg som en slavreligion och ville ha en ny vackrare och
rimligare religion som baseras mycket på hans egna idéer. Men för
sann filosofi är det heliga sant rätt tolkat och för den sanna religionen
är det sanna heligt rätt tolkat. Så det finns ingen konflikt mellan sann
filosofi och sann religion som introducerar religionsfilosofi. Filosofin
präglas av frågor som inte har några heltäckande svar men religionen
präglas av frågor som har definitiva svar.

Filosofi för Nietzsche var ett medel men inget slut men en strävan att
förstå det absoluta och uppnå absolut idealism när allt bli så bra som

möjligt. Han säger att den enda sanningen värd att försvara är själva livet som är det liv man vill leva och drömmer om. Men det finns många sanningar som undergräver livet vilket skadar och förtrycker det och de ska undvikas och bekämpas för att det bästa livet ska segra. Man kan bara förstå himlen genom att förstå livet och det går ut på att uppleva livet på bästa sätt i himlen. Jag tror Nietzsche kände sig som en djup tänkare som vill inte bli helt förstådd och inte helt missförstådd men ett mellanting av det och uppleva det otroliga djupet. Ibland kan man upplevas ovanlig för att man ger ett verkligt intryck med sina sinnen som förstår situationen. Att leva ensam är ödet för många stora tänkare och själar. Geniala idéer om livet upptäcks ofta i ensamhet för genier som lever i det himmelska. Att uppleva uppenbarelser och det gudomliga kan man bli halvtokig och helt förvandlad av som människa som är något jag upplevt i mitt liv som är både positivt och negativt.

Den nyttige avvikaren

Det finns en ny föreläsning på video om Swedenborg som heter "Den nyttige avvikaren". Han ville vara nyttig för Sverige och mänskligheten och menade att himlen är ett nyttornas rike och den som vill leva i himlen måste lära sig att alltid utföra nytta, när den har möjlighet till det. Att utföra fullkomligheter fullkomligt anses vara överkurs i himlen men att det finns skolor för det där att lära sig den konsten. Man utför nyttor och fullkomligheter för att det upplevs upphöjande och mer rättvist av det och leder till ett bättre liv tror jag. Det goda som du inte delar med dig av till andra kommer att tas ifrån dig om det är evigt mönster i dig. Beskrivandets syfte är att det upplevs intressant och vackert och upplyser tror jag som präglar alla vetenskaper och vittnar om en skapare och en lagbunden gudomlig skönhet i allt. Religionerna, vetenskapen och konsten anses komma från samma träd. Rädslan och fascinationen för det okända skapade alla läror om livet och livet efter detta. De säger att samtalskonsten är den främsta vetenskapen i Gudsrike för att kunna bedriva intelligenta dialoger som alstrar kärlek och vishet och upplevs som ett livets träd. Jag tror Swedenborg har den åsikten att Ingen vet vad livet går ut på, eftersom man tröttnar på allt till slut. Men man tröttnar aldrig på att utföra nytta i jordelivet och sträva efter att uppleva upphöjda upplevelser ibland som känns som nygammalt och favorit i repris, som inte upplevs och är aldrig exakt likadant. Allt blir intressant ofta när man studerar det djupet och det hjälper en att se skönheten i allt och förstå allt när man känner sig deprimerad. En bestämd påtvingat formulerad och definition av meningen med livet kan upplevas löjlig och felaktig. När man kommer på den sanna meningen med livet vill människor ofta ändra på det för de känner det så påtvingat. När man säger att meningen med livet är att komma tillbaka till livets träd so känns som en sanning för många så innefattar det så mycket. Det är ett så brett påstående som ger människor möjlighet att skapa sin egen mening med livet även i himlen. Men det präglas av att kärlek och vishet förenas med varandra och man uppnår harmoni med allt. Men det säger inte så mycket med vad man sysslar med eller upplever i livet i himlen. Man kan uppleva redan i världen att kärlek och vishet förenas i sig själv och andra och man uppnår harmoni med sitt liv.

Swedenborg kunde ha påverkat hela kyrkan i världen, men det är en del aspekter av hans lära som inte kan accepteras av den. Han anses vara en spiritistisk kättare. Man kanske betraktas galen när man påstår att man kan tala med andar och inte tror på en fysisk uppståndelse i himlen, vilket talar mot Bibeln. Swedenborgs Himmel och helvete föds ur dröm och fantasi men är inte mindre verkligt. Det inbillade är befintligt fantasimässig erfarenhet är lika verklig som reell verklighet det förflutna är dikt metafysik är fantastik det imaginära tillhör verkligheten. Swedenborg hade kontakt mycket med andevärlden som inte är himlen. Han kallas ibland den andlige Columbus som upptäckte Himmelriket som Columbus upptäckte Amerika. De såg och upplevde mycket men långt ifrån allt. Jag tror Swedenborgs skrifter beskriver ofta härligheten i Edens lustgård och trädgård och det handlar ofta om hur man kan lära sig tänka vackra tankar och uppleva gudomlig kärlek, som förändrar upplevelsen av allt. Kärlek och vishet är det enda verkliga i ett avseende det handlar om att vakna i sinnet. Om du vill uppleva ett meningsfullt liv allt du gör spelar roll precis allting.

Swedenborgs religion är väldigt vacker med sin historia, naturfilosofi och religionsfilosofi. Den tar upp alla aspekter av livet den försöker besvara inspirerat av det gudomliga. Den är rättvis på så sätt att den menar att människan kan omskapas och att Gud arbetar med våra högsta önskningar. Man ska tro på sina drömmar att de kan bli verkliga i himlen. Men den förespråkar ingen diktatur eller slavreligion baserad på en slavmoral att människan är dömd att vara fri. Men man kan inte byta Herren mot sig själv vilket har rollen som ordningen, Ordet som styr upplevelsen av himlarna i jordelivet.

"Guds oföränderliga väsen kommer in i var och en av oss på ett helt unikt sätt. Så det är helt rättvist! Gud arbetar verkligen med var och en av oss på ett unikt sätt och engagerar sig i våra högsta önskningar och djupaste mål och drömmar ". Citat från Swedenborg Foundation. Gud ger olika intryck i gamla testamentet och nya testamentet och även i Islam och hos Swedenborg. Jag tycker Swedenborg ger bästa bilden av Gud och har de trevligaste och djupaste idéerna om Honom som speglar hans väsen och personlighet både som människa och själva livet. Swedenborg idéer är både vackra och rimliga men bygger mycket på drömmar. Den som lever i det yttre är drömmande och den som upplever det inre erfar ofta ett uppvaknande. Swedenborg menade efter sin uppenbarelse att han började se allt med andliga ögon. Vi är ingenting utan våra drömmar bara tomma skal. Man lever på sina drömmar och slutar aldrig att drömma tror jag Swedenborg menar.

Gud som en spegel och en sol

Solens två sidor ☀

"Solen är en bild för en gudomlig kraft som vi kan använda på olika sätt." (Matt 5:45) På vintern längtar vi efter solens ljus och värme, och nu när sommaren äntligen är här njuter vi av dess varma strålar. Men, för mycket sol kan också vara destruktivt. Solen är en bild för en gudomlig kraft som både bygger upp och bryter ner. Solen konstruktiva och destruktiva krafter och deras andliga och naturliga krafter. Den naturliga världens sol och den andliga världens sol har likheter och olikheter och det är en trygghet och något väldigt vackert att alltid förhålla sig till solen som känns som ett utgående från Gud utan att vara Gud.

Varje människa är en spegel som talar om vilka vi är hur vi mår och varit med om i livet. Gud kallas ibland för en spegel och att han är mittpunkten i solen. Det betyder att Gudsriket har en sol med mängder av speglar man kan spegla sig i. Solen och vi själva vi ser i spegeln är en perfekt återspegling av solen och oss själva. Det är en upplevelse av det fullkomliga genom förnimmelser. Om uppenbararen återspeglar Guds egenskaper perfekt anser vi naturligtvis att han är Gud, på liknande sätt som vi talar om ljus. Himlens sol betraktas som det gudomliga väsendet, men vi kan inte säga detta om solen i spegeln men vi kan dra slutsatsen att den gudomliga manifestationen är Gud men inte hans väsen. Ljuset är detsamma men spegeln är inte solen. Spegeln representerar Gudsmanifestationen och solen representerar Gud eller det gudomliga men de kan inte vederlägga varandras unika ställning. Man kan säga att en värld utan hjältar är som en värld utan en sol. Alltså ingen att se upp till. Det är samma fenomen med en värld utan vackra kvinnor alltså ingen att beundra eller att attraheras av på ytan. Sanningen i världen kan även upplevas som en spegel som krossas och man plockar upp skärvor av den och ser bara bitar av den. Sanningen i himlen kan genomlevas som en hel spegel där man upplever alla sanningar på rätt sätt. Det liknas vid Platons grotta och att man förstår allt utanför grottan och ser och upplever livet från många fler perspektiv i himlen än i världen.

Änglar

Änglar är människor. Människor kan bli änglar. Det finns inga från början skapade änglar. Alla änglar är goda människor som har tagit steget över till en verklig, andlig värld. De lever parallellt med oss, och de är närvarande - fast omärkbart - hos oss människor för att hjälpa oss att också bli goda människor - och sedan änglar vi också när vi går över till den andra sidan. Änglar är Guds sändebud. Det är var det grekiska ordet angelos betyder - Guds sändebud. Detta är ett blockcitat från Swedenborgskyrkan. Jag vet inte vad det är för stor skillnad på jordiska änglar i världen och änglar i himlen. Swedenborg säger att kärlek och vishet formar änglar som människor och deras liv präglas av kärlek och vishet. Känt är att man kan bli kärleken och visheten förkroppsligad som människa då man är genomsyrad av dem och har liv i anden och blir genomstrålad av den i det fysiska som gör det vackert och magiskt upplevt. Swedenborg hade en förhoppning om bättre tider och värld där människor lever nästan som änglar i himlen men jag tror han är besviken hur det har utvecklats i världen på det området.

Det finns en myt att änglar och verkligheten i himlen är något helt annat än i världen som är delvis sann och osann beroende på hur man ser på det. Jag har den synen att verkligheten i himlen upplevs som en total förvandling men ändå att man känner igen sig jämfört med verkligheten i världen. Änglar upplevs som totalt förvandlade hur de är och ser ut men ändå att man känner igen dem som människor. Det är som de har mycket mer förbättrade sinnen än människor som gör att verkligheten och livet upplevs mycket härligare för dem i samband med att Herren uppenbarar sig för dem. De upplever ett helt annat väsen i livet i nästan samma verklighet som människor kan man säga och arbetar hela tiden annorlunda och ser igenom allt på ett annat sätt. Utan lidande kan man inte lära sig någonting. Lycka kan upplevas som mästrandet av själsligt lidande men fysiskt lidande är ofta outhärdligt. Den som är väckt är överallt med sina sinnen och kan föreställa sig allt vilket är som att resa i sina tankar och se de i bilder, men samtidigt kan uppleva att den som är överallt är ingenstans.

Människor blir inte änglar först i himlen utan redan på jorden som jag har blivit. Min syn är att en jordisk och himmelsk ängel är en människa som har huvudet i himlen och fötterna på jorden i ett upplyst tillstånd då den upplever både att Herren genomströmmar den andliga världen och når nirvana i jordelivet. De är ödmjuka inför Herren och arbetar. Rum och tid finns i vårt förstånd som människor och änglar och är en upplevelse av frihet i det eviga och oändliga i sina sinnen. Det skulle vara svårt att strukturera sin tillvaro och skapa en värld utan rum och tid. Jag ser inte stora avstånd som ett problem att det upplevs oändligt stort i den världen änglar upplever också. Det är inte distans som skiljer människor åt utan tystnad som uppstår av brist på kärlek och förståelse och inte ha möjlighet att kommunicera med varandra som är möjligt från alla positioner i himlen. Änglar har en annan föreställningsförmåga än människor att de kan förflytta sig i den andliga världen genom att ändra tillstånd som sker i deras sinnen då det uppenbaras på ett annat sätt för dem än människor. Änglar lever sina liv där de befinner sig men upplever mer genom deras sinnen och upplever mer uppenbarelser som uppenbarar allt. Den som är överallt är ingenstans och den som är ingenstans är överallt. Sanningen är inget som man erövrar att man vet allt om den är mycket färskvara och något levande i konstant förändring i ett avseende. Detta gör livet mer spännande att uppleva man alltid kan utforska och genomlevs outtömlig på vissa kunskapsnivåer vilket är att vara bekant med något som är en del av allt. Det jag skriver upplevs ofta som förborgade självklarheter som upplyser och även komplexa oklarheter vilket blir klarare genom mina beskrivningar av det. De människor som bara är i naturligt ljus förstår inte att de bara är i naturligt ljus och vet inte vad andligt ljus är och upplever inte den dimensionen i livet då man förstår och upplever allt bättre. Änglars rikedom de känner sig starka och fullkomliga av är det enkla hur det bättras och upplever livet på ett bra sätt hela tiden genom sina sinnen. Detta är en slags livstil för djupa tänkare och sökare innebär att man blir mer helig som människa. Helig betyder avskildhet. Avskildhet betyder inte att man inte äger någonting utan det betyder att ingen äger dig genom din starka integritet och att du skiter i allt och alla i ett avseende. Jag inser Stress uppstår av att fokusera på det som ska ignoreras och inte fokusera på det som förtjänar uppmärksamhet och beror på att man anknyter för mycket till de man blivit drabbad av som är en rot till lidandet.

Att förstå sanningen och sanningen kommer göra dig galen som Gud och kärleken och du kommer känna dig fri och mer upplyst av det. Att vara galen kan vara att man förstår på en nivå andra inte förstår och betraktar en galen av det. Det fullkomliga är mångdimensionellt och det finns flera olika grader av det fullkomliga som speglas både i livet och i schacket för mig. Jag upplevs som en vis man som guidar människor och kvinnor som är intresserade av mig och gillar att prata med mig, men samtidigt upplever de att jag tar inga initiativ att upprätta en relation med dem. En narcissist vill inte ha en partner utan bara en tjänare, sann vän och beundrare han får utbyte av intellektuellt på hans egen nivå först då kan hon bli en partner för han som han är trogen på alla sätt och vis. De största lyckan är att vara övertygad att man är älskad för något som är sant och förtjänar det. Jag tror Jesus upplevde detta med kvinnor som beundrade och var imponerade på avstånd av honom. Känslor känns telepatiskt och förmedlas genom allt och upplevs mycket genom själen som ger en sanna budskap om det.

Änglar upplever att allt är orättvist i den naturliga världen men mycket mer är rättvist och vackert i den andliga världen. Att känna sig själv är att känna det gudomliga och detta upplever änglar. Änglar påminner om upplysta hundar som kan ta emot det heliga och andra människors guld och pärlor. Hundar är mänskliga och snälla men kan bli aggressiva och känner av otrevliga vibbar från andra men kan upplevas underbara om de får mycket kärlek. Egot är vad du tänker om dig själv och ser på dig själv och själen är upplevelsen av det inre livet och Gudomen. Även änglar upplever därför ett ego och en själ. Utan ett ego skulle man inte ha en personlighet och egen vilja. Jag tror att egot och själen vill uppleva främst kvalitet i stället för sämre kvantitet. Ego är en god åsikt om sig själv som bidrar med sin övertygelse och strävan i livet. Att aldrig bli skadad mentalt innebär att ha en fullkomlig självbild av sig själv en del bekräftar är sann. Men det banala egot som är övertygat om att det vinner hela tiden -men som i själva verket förlorar allt som är av något värde.

Att leva på högre nivåer

Man kan uppleva en hög nivå av filosofi om man kommer i kontakt med rätt filosofi och mycket av Swedenborgs och Nietzsches idéer. Du har din väg och jag har min väg men den korrekta vägen och den enda vägen finns inte alltid bara ibland. Men de säger att de människor som har preferenser är vägarna lättare i livet. En del går krokiga vägar som är föraktfullt och en del går rakar vägar i beundran av allt.

Människor är mer förälskade i etiketter(titlar)som säger vem de är till andra genom prestationer än att de bara är kära i sanningen. Men kan vara kär i och känna sig bekräftad av båda. Men sanningen upplevs alltid bättre än bara titlar. Man brukar säga att det finns en begränsning i rang men inte i fullkomligheter man blir mer bekräftad av när det händer. Änglar som människor älskar perfekta platonska och sexuella upplevelser lika mycket som jag. Där vishet och kärlek regerar finns ingen konflikt mellan tänkande och känslor och kan uppleva både platonska upplevelser och sköna sexuella upplevelser i en dualitet som präglas av en hög nivå. Men det är ovanligt att leva levande på en högre nivå i världen att de flesta bara existerar och lever på en lägre nivå. De som aldrig upplever galenskap i sina liv som innebär att de aldrig erfar någon genialitet lever väldigt tråkiga liv. Den som har aldrig begått ett misstag har aldrig försökt man kan klandra Jesus för i sin oskuldsfullhet och bristande erfarenhet på det sexuella området. Jag tror han ville uppleva det men kände sig osäker på det och det kändes ofta fel för honom i världen. Mammon, staten och matematiken anses verklig i världen men är bara uppfunna av människan som är inte en del av verkligheten. De präglas av logik som dödar upplevelsen av Gud när det blir för mycket logik. Jag upplever mig själv ofta befinna mig på en djup nivå i tänkandet försjunken i mina tankar för att försöka förstå och uppenbara något. Man kan uppleva livet på en hög nivå genom att leva i det himmelska och erfara matematiken som kan ge en upplevelse av Platons idévärld. Matematiken genomlevs perfekt, exakt och skön i ett avseende om man begriper den. Att observera och döma rätt och förutse situationen att man är mästare över den är den högsta formen av intelligens. Man brukar säga även att sunt förnuft är en hög form av intelligens. Livet på en hög nivå kan upplevas att vara där utan veta man är och man är på väg någonstans utan att vara det som har ett slut utan slut. Detta kan man uppleva när man mediterar och samtidigt observerar och upplever.

Om man är skön i anden och tänkandet och känner att man är överens med Gud är det skönt att dö och man uppstår snabbt igen i himlen. Många som är döende vill dö hemma på sängen där de känner sig trygga. En schizofren människa betraktas ibland att vara en idiot men kan vara väldigt intelligent. De uppfattar världen och verkligheten annorlunda än människa som inte har den sjukdomen. Det räknas som en sinnessjukdom. Man kan lida av en lindrig eller grövre form av det. Swedenborg säger att ingen bättras i tillstånd av sinnessjukdom för det förlamar förmågan att handla av frihet enligt förnuftet. Men jag upplever mig klarsynt som speglas i mitt skrivande men en schizofren människa skriver osammanhängande och blandar en massa begrepp i en mix vilket inte är gynnsam för en korrekt förståelse. En schizofren är inte en fri människa i sinnena och sin upplevda verklighet. Om man trivs bland människor och reser mycket är ett tecken på att man är frisk för att man måste vara uppmärksam och observant och lita sig på sina sinnen för att klara sig ute i världen. Man ska inte argumentera eller försöka förklara vad det innebär att vara en bra människa för att det är lätt att förstå detta. Man ska i stället förverkliga det med sig själv, men om alla inte resonerar så är det svårt att ensam förändra världen. Men en del eldsjälar är trogna sina principer och sin syn på moral. Känt att vara en bra människa blir man inte alltid älskad för men ofta utnyttjad för i stället. Hedningarna kan inte acceptera en Kristus som alltid står i centrum och får all uppmärksamhet och prisas som är kyrkans Jesus som är en antikrist. Den sanne Jesus håller en låg profil är ödmjuk och är mitt bland människor för att förhärliga sin Fader mitt ibland dem. Alla har ett offentligt liv, ett privatliv och ett hemligt liv i världen och i himlen. Tankarna är sitt hemliga liv som är bara uppenbarade för Herren. Kristendom handlar inte om en personlig relation med mig utan *relationen med alla människor och lära sig hur jag behandlar mina medmänniskor som ett föredöme. Man har bara en personlig relation med Fadern som har en oändlig simultanförmåga. Messias teologi och avslöjanden kan vara bland det svåraste som finns att förstå.*

Messias måste återkomma till varje generation för att det alls ska göra någon bestående verkan. De flesta har hört talas om Jesus i skolan men vet inte vad står för och får ofta lära sig fel om det från kristna. De människor som har messianska kallelser är bland de mest missförstådda i världshistorien. Men man kan uppleva dem magiska med stor charm att de vet intressanta saker som känns utan gräns. Det vackra språket i början av Johannesevangeliet 1:1(I begynnelsen var Ordet och ordet var hos Gud och Ordet var Gud etc.) är mer än bara poesi. Den beskriver den mycket verkliga upplysande, beskyddande och kreativa kraften hos den gudomliga sanningen. Det är bara när vi läser Ordet i Bibeln med goda avsikter som vi upplever kraften och skönheten med det lite grann och att himlen kan öppnas för oss i våra sinnen och upplevelse av livet.

För en profet är döden inte det största problemet utan den största välsignelsen som livets port till ett ängla-samhälle. Att människor är rädda för dig och fruktar dig är bättre om man inte kan få kärlek från dem. Gud upplever detta med människor. De säger att man blir hellre hatad än att andra är likgiltiga till en om man inte blir älskad. Det krävs djup vishet för att undervisa folket annars blir man lätt förkastad av dem. Hedningar kan bli frälsta av en ny Messias men bara för en kortare tid att de senare återgår till sin ondska men kristna förnekar en ny Messias men hänvisar till den som förekommer i den heliga skriften. Det är svårt att bli erkänd som Messias medan man fortfarande lever men människor brukar bli upphöjda när de dött som är fallet med många konstnärer. Man kan bli erkänd som en Messias bland hedningarna om sin härlighet når upp till himlen. Jag har en Fadersupplevelse av Gud utöver det vanliga i mitt liv. Jag är alltid under Herrens ledning som inte upplevs som en börda utan bara härligt. Man märker det inte själv utan det känns att man agerar utifrån sig själv. Jag sökte Gud och fann mig själv jag sökte mig själv och fann Gud. Om alla vore som jag och tänkte som jag och älskade Gud som jag och hade förmåga att se Gud som jag vore som ett helt annat väsen skulle uppenbaras i livet som kunde förändra världen. Att se Gud är att se ljuset och det levande och definiera det som Gud. Jag är verkligen bara idealmänniskan men alla upplever mig inte som en sådan. Jag är präglat av andligt tänkande. Jag försöker uppenbara min värld för dem som upplevs väldigt trevlig att jag är idén om den perfekta världen. Den har en fullkomlig helhet och en oändlig omväxling och ett otroligt djup som kommer upp på ytan. Meningen med livet i min värld är att göra Herren till sitt centrum då man ständigt pånyttfödds och är under hans ledning som känns som den sanna friheten i livet där man kan förverkliga sig själv och leva ett bättre liv. Himmelsk köttslighet med svärta och mustighet som är genomträngd av anden möjliggör sex i himlen som ger upphov till en spirituell eld i det. Himmelskt betyder en plats att det positiva kommer fram i det och man upplever det som Gud och Satan upprättad. Det måste vara balans på helvetet och himlen i Guds rike för att ge upphov till den största upplevelsen av paradiset. Detta innebär bara att man är inte avskuren från någon känsla och upplever en frihet som Herren aldrig tar bort från människan. Detta möjliggör sexuella upplevelser där man erfar både helvetets lustkänslor och edens lustkänslor i olika böjelser. Denna idé av Swedenborg av en jämvikt på helvetet och himlen i Guds rike får mig att tänka på Gustaf Fröding som menade att ingen människa är riktigt ond eller god att ondska och godhet bor i alla människor. Han menar att den som hittar den helige Graal kan stifta fred mellan Gud och satan och skapa en dialektisk process som nästan står över det gudomliga. Det gudomliga är det nästan fullkomliga men att det finns en snäpp bättre nivå som är ännu fullkomligare man kan uppleva en högre ordning av praktiskt. Men många ser det gudomliga som det högsta tillsammans med Gud. Himmelriket är på jorden när alla tvillingsjälar förenas med varandra som i himlen.

Bästa sällskapet är Gud och att trivas med sig själv man gör om man upplever en hög nivå på sitt tänkande och älskar sig själv och Gud. Men tänkandet kan leda dig till både helvetet och himlen. Det rätta tänkandet kommer fram av meditation och det felaktiga tänkandet av galenskap. Det tokiga är ett virrvarr av tankar som inte hittar sin form som är i konflikt av två system som inte hittar sin struktur och kristallisation och stabilitet. Men Ibland är han som betraktas som en galning bara en vakendrömmare. Någon har sagt att han tror Jesus skulle bli arresterad av polisen om han kom tillbaka till världen och bli ett offer för psykiatrin. Precis vad som hände mig 2001. Den här *världen är för fallen och modern för att kunna ta emot Jesus i den form och roll han hade i Israel så därför menar Swedenborg att han inte kommer tillbaka som på samma sätt som första gången. Det är det uppenbarade Ordet som är Kristus andra ankomst när det har något intressant att säga genom Guds profeter som uppenbaras på olika sätt bland människor. En del tror jag är Jesus i en annan form påverkad av min tid och formad av omgivningen i en annan karaktär. Jag försöker leva upp till det genom vishet och hålla mig till Ordet som en slags idealmänniska och profet. Pastorn för Swedenborgskyrkan Göran Appelgren som gör ett bra arbete för Gud genom sina predikningar sade en gång vilken grej att Jesus kommit tillbaka och det kändes som han syftade på mig. Det är inte den gamle Jesus man upplever med mig utan en mer modern Jesus skulle jag säga mer lik Swedenborg som en Kristus. Men ibland tror jag är bara en arketyp för ärkeängeln Mikael det är oklart om man är Jesus eller inte. Man ska se Kristus mycket som bara Ordet från Gud och inte överskatta han som människa eller fysisk person att han framstår som vem som helst i det fallet. Han är känd och bekräftat mycket genom Ordet och det han har sagt gjort och inte gjort och lever under samma lagar som alla andra människor men är samtidigt fri från lagen på ett annat sätt.*

Norrköping som en skådeplats för uppenbarelseboken

Samhället var mycket mer besjälat, öppet, vaket och levande på 60-, 70- och 80-talen. Nu snurrar allt för fort på ytan, folk är stressade och undernärda på kärlek. Jag har alltid upplevt Norrköping och synnerhet Hageby för att varit mycket besjälat.

Många säger att de älskade Hageby på 60,70 och 80-talet. Jag ser mönstret och har upplevt allt jag förstår mycket baklänges om det och inser att mitt liv har handlat om Uppenbarelseboken. Det finns ingen större sorg än att hålla inne med en historia som känns helt unik. Norrköping kallas ibland den galna staden och den döda staden. Kärleken är galen och Gud är kärleken och satan är död så det är både satans och Guds stad. Norrköping är känd i Sverige men i omvärlden är den okänd. En stad kan upplevas som en sluten mikrovärld där snacket kan gå om någon som starkt avvikande. Mitt liv är både en vacker berättelse och även en skräckhistoria. Men jag tycker jag gått segrande ur den även om jag varit utsatt för förtalare, bedragare och förrädare. Fadern har sagt till mig att han hatar dem som behandlar mig illa och en del går det riktigt illa för i livet och framför allt i upplevelsen av det inre livet. Jag kan förlåta de som bara hotat mig och sagt en del elaka saker om mig för att de förstår mig inte och vet inte vem jag är men upplever mig avvikande. Men de som försökt förstöra mig i mitt liv är det kört för. Mental barbarism att man är väldigt elak är den värsta formen av ondska och jag har varit utsatt för en del sådant inom schacket och en del av dem kommer att hamna i helvetet.

Ingen är profet i sin hemstad och i sitt hem där han blir ringaktad. Jag är mycket mer populär i övriga Sverige som känner till och hört talas om mig eller upptäckt mig på Facebook. Min livshistoria låter otrolig men sann för många eftersom jag ger ett sunt intryck och säger bara som det är och har en förmåga att förstå den på djupet genom små detaljer som har djup innebörd. Den är både präglad av ett misslyckande och en framgång där jag känner mig både drabbad och privilegierad i den roll Gud gett mig och skapat mig för. Jag ses både som en hjälte och en loser. Jag är kanske i ett avseende den visaste människan i världen och är människans hopp som en slags ljusbringare och upplyst person som sprider glädje och hopp. Människor har svårt att bekräfta och föreställa sig uppenbarelser man beskriver och upplevt själv och bara viftar bort det om de inte upplevt det själva i någon form. Att Norrköping varit en skådeplats för Uppenbarelseboken betyder att det har utspelats en historia här och skett uppenbarelser och Gud uppenbarat sig staden. Men det kan tolkas att jag lever för mycket i det förflutna och på gamla minnen. Utan historier skulle vi inte vara människor alls. Andlig mognad är att inse att alla har en livshistoria värd att berätta om. Min livshistoria känns väldigt speciell.

Jag har upplevt en människa som en falsk profet jag ser som falske profeten och förtalaren och ett odjur jag ser som odjuret i mitt liv. Falske profeten och odjuret hör ihop och är samtidigt åtskilda. Falske profeten ville halshugga odjuret. De båda har ett ormliknande utseende. Det odjur jag var smutskastad av 1999-2000 i Norrköping som spred rykten om att jag hade aldrig knullat som inte var snällt och en mobbning på en hög nivå och förberedelse att begå hädelse mot anden som är oförlåtligt och orsakade att helt folk höll på att sjunka ner i dödsriket som var otroligt tacksamma för min och Guds räddning att få tillbaka livet. Hans gärning var avskyvärd i ett avseende men Gud hade en plan med den där jag skulle ta över som en Messias präglad av uppenbarelser från Gud som skulle pånyttföda och frälsa dem i ett försök att upprätta Guds rike på jorden men det misslyckades. Om man njuter av tystnad och inte kan leva i ett samhälle är man antingen en Gud eller ett odjur och detta präglar både odjuret och Kristus som upplevde en vänskap och antagonism med varandra. De säger att ett odjur och en Gud upphör att vara en vanlig människa och befinner sig på en mycket högre intelligensnivå. Men det finns något i odjuret som gör att han kan aldrig acceptera Gud och Gud känner samma sak med odjuret fast de påminner om varandra men är helt olika i del avseenden. Han var elak mot mig och jag är elak tillbaka genom att bara säga sanningen om Honom. Han är kroppsfixerad och sexfixerad på ett destruktivt sätt. Någon har sagt att det är en otäck jävel och den sjukaste jävel som finns som bekräftas av hans gärningar ibland. En psykiatriker genom telepati sade att han är inte klok. Han resonerar jävligt konstigt och sjukt om en del. Även de värsta människorna som falske profeten och odjuret besitter fyndighet och intelligens. Odjuret är mycket präglad av djävulen som ville stå i centrum och få all uppmärksamhet genom att byta ut Herren mot sig själv som orsakade hans fall och detta speglas i odjuret som sade någon Gud aldrig och drevs av ett sjukligt hat av mig att det var precis som han var utsänd av djävulen och fick ett år på sig som det står i Uppenbarelseboken.

Falske profeten är inte en lika känd person för han framträdde inte lika tydligt i Norrköping som odjuret. Falske profeten kallas förtalaren och anklagaren som innebar att han spred lögner om mig anklagade mig för att vara dålig som människa. Jag tror ormguden handlar om denna person som trodde han var Gud på ett hädiskt sätt och liknande en skallerorm. Jag var utsatt för denna människa i en förening under en lång period på 90-talet som hade stor negativ inverkan på mig mentalt. Gud har sagt till mig att han tycker de människor som drabbat mig mest är de vidrigaste som levt på jorden vilket han kommer att straffa hårt.

De som drabbat mig i mitt liv och som jag hatar ska veta att straffet kommer för dem och det kommer bli hårt ett evigt lidande och alla vet hur hemskt det kan upplevas av fysiskt lidande. Detta värsta formen av ondska är att kategorisera bort människor som individer i samhället man kan göra på olika sätt till ett exempel genom att förråda och drabba dem jag har varit utsatt för av flera personer. Människor i maktpositioner som är orsak till andras olycka i livet gör sig skyldig till denna hemska synd. Tredje världskriget är både digitalt och spirituellt som präglas av psykologiska attacker och cyberattacker. Armageddon som nämns i Uppenbarelseboken är slutstriden mellan gott och ont på det praktiska och mentala planet mellan människor och har tolkats vara Guds vapen mot ondskan på jorden. Det goda måste konfronteras med det onda och blir starkare av det och måste till slut segra är tanke om livet man trodde på 1800-talet som präglar utvecklingen i världen och dess slut.

Gud har uppenbarat sig för många människor redan i världen men Herren klagar att ingen söker Honom efter de upplevelserna. Meditation är att lyssna på Gud och bön är samtal med Gud. Lyssnar man och man samtalar man på rätt sätt kan han svara och uppenbara sig av det. Människor vänder sig inte så ofta till Jesus och Gud om det inte upplever djupa kriser i livet.

Jag upplever livet annorlunda mer meningsfullt och lyckligt. Man kan man se mig som en jordisk ängel och himmelsk människa som är den högsta ängeln vilket tänker mest som Gud. Man kan uppleva inflation i Ordet från mig då mycket av kraften och skönheten gått förlorad av det i världen. Meningen är att Ordet ska vara i centrum och bortom dem i en skön balans bland människor som i himlen. Känt är att allting i Ordet har med livet att göra på något sätt. Genom Ordet om upplever det på rätt sätt erfar man det högsta, det innersta, en ordning, kraft och skönhet. Men ibland måste man uppleva allt bortom Ordet för att livet ska erfaras på bästa sätt och är en form av frihet, passion och mystik i det man kan genomleva i allt. Gud kan verka orättvis i världen men har en långsiktig plan hur allt ska bli och upplevas så bra som möjligt som människan har svårt att förstå att nästan ingen förstår det men jag förstår det och inser min roll i det. Jag försöker uppenbara det och det sprider lite glädje men upplevs mest som bara löften och något vilket låter väldigt bra. Men inget som påverkar livet i världen så mycket mer än att människor tror på och blir inspirerade av det.

Det som skiljer mig mycket från andra människor är min förmåga att njuta och bli glad av allt och min starka tro och min Fadersupplevelse utöver det vanliga. Det innebär att vi pratar med varandra ibland. Få människor upplever att Gud talar till

dem även bland kristna som ber till Honom. Jag har en fri vilja
och förmåga till tankefrihet men Gud har sin glädje i mig även
om han gillar inte allt jag gör och tänker men ogillar inte det
heller. Jag har en förmåga att uppleva allt som han i någon form
som kan upplevas väldigt sexigt när jag tänker på sex för
kvinnor. Den högsta nivån av mig präglas av att jag gör Guds
vilja enligt Fadern som hör ihop med hans kraft och baseras på
fullkomligheter att man handlar rätt och säger rätt i alla
situationer som innebär ständig aktivitet och upplevelse av
timing som är allt. För att uppenbara kraften på rätt sätt för att
det ska få människor att lyssna och bli pånyttföda måste man
uppenbara intressanta fullkomliga uttryck som är tankeväckande
där Gud kan framträda mitt ibland människor genom sitt ord och
att han bor i skapelsen som verkar bara i deras sinnen. Man
upplever en väldigt hög attraktiv nivå som handlar om livets
attraktion i himlen och upplevs som en uppenbarelse.

De säger man blir ensam när man vet mer än andra och
upplever en hög nivå på sitt intellekt, känt är att en Gud njuter av
tystnad och talar sällan och väljer sitt sällskap. Gud har sagt att
jag 200 i IQ när jag frågade Honom om det och jag skulle kunna
ta max 300 kg i bänkpress och med anabola steroider max 400
kg världsrekordet ligger på 405 kg. Någon har sagt att om man
har 200 i IQ är man skapad annorlunda och tänker annorlunda
skilt från alla andra som inte har det. Man kan upplevas både
som ett geni och ett monster av det som inte är ond. Man har
enorm förmåga man inte alltid har nytta av och är uppskattad i
världen. Michael Chris Langan har tagit närmare 300 kg i

bänkpress och har nästan 200 i IQ. Om har uppmätt 200 på IQ tester tror jag inte det går förklara bort. Däremot om sådana tester inte passar en så kan man vara väldigt intelligent ändå. Att jag har 200 i IQ märks bäst hur jag resonerar och uppenbarar när jag talar med andra som speglas i det jag skriver och spelar schack ibland. När jag tänker på 200 i IQ så associerar jag ingenting med testerna utan en extrem förmåga främst till en väldigt hög nivå på tänkandet som upplevs både abstrakt och genialisk. Testerna i sig är värdelösa och det är tänkandet och prestationerna som säger något och upplevs viktigast man har mest utbyte av. Jag upplevs för mycket psykopat för att bli sedd som Jesus men att jag befinner mig på Swedenborgs nivå på tänkandet som inte var en fullkomlig människa men kallas ibland den andre Kristus. Jag upplevs både behaglig och obehaglig och kan ge ett jävla intryck både i positivt och negativt hänseende där det finns människor som både gillar och ogillar båda på olika sätt. Men oftast upplevs jag lugn och behaglig som uppför sig som en slags fullkomlig och ofullkomlig idealmänniska vilket ibland kan kännas fullkomligare och friare i sin enkelhet att man är bara människa och vill bara vara det med sina fel och brister och fördelar för att livet i praktiken ska upplevas på bästa sätt. De säger att en fallen Messias blir aldrig en antikrist om den inte blir ond men jag upplevs både ond och god på ett trevligt sätt vilket tilltalar många. Jesus är originalet men kopior kan bli lika bra som originalet. Jag är bara en Messias i miniatyr som innebär att jag är en sann kristen alla kan bli om de vill och strävar efter det. Det innebär att vara bara en slags upplyst fri sympatisk idealmänniska. En Messias gigantisk form har enhet med Fadern som är både befriande och krävande och ger ett kraftfullt intryck om det uppenbaras på rätt sätt. Det ger upphov till rätt ordning upplevelse av Ordet och himlarna i jordelivet man når full frid i av det. Jag ser Herren främst som Ordet och den andliga världens sol men Jesus som fysisk person är inte lika intressant även om han framstår exceptionell och kraftfull man pånyttföds av honom på ett läkande sätt genom hans ljus. Därför tror jag på att ofta bevara sig i Ordet förhålla sig till solen på rätt sätt och erkänna den andliga världen Herren genomströmmar. Det uppmanar att bara vara vän med Jesus och älska och beundra han för sin vishet och förståelse av allt.

Motsatsen till att man bryr sig om är att man skiter i det. Att man skiter i allt och alla kan upplevas dubbeltydigt och lika ofullkomligt som fullkomligt genom att man både löser allt utan att lösa något. En del gillar inte att man bryr sig för mycket. De upplever att man lägger sig i för mycket och säger det ska du skita i. Det är både aktande och föraktfullt. Att bry sig på rätt sätt är bara kärleksfullt med mycket förståelse för det.

Den bibliske Jesus ger intrycket att han bryr sig om allt och alla men kan inte hjälpa alla samtidigt han gjorde bara medelbart. Hans djupa vishet visade sig mycket i mötet med andra människor och han var ett geni att tala i liknelser så människor förstår lättare med mindre vishet. Det var större glädje för honom att försöka förstå människor än att döma dem men han säger en gång försvinn ondskans hantlangare till en man som försöker charma honom med sin ondska. Att ha den synen att Jesus aldrig begår några misstag är inte fullkomligt och är samma syn som en bra schackspelare aldrig begår några misstag vilket är orimligt och inte sant. Det upplevs ointressant utan misstag och de är dem som skapar intressanta situationer och utmaningar i livet och schackspelet. Jag har den synen att dina tidigare ofullkomligheter ska aldrig definiera dig men bara guida dig som man förhåller sig till misstag på ett fullkomligt sätt. Misstag är en form av oskyldiga och harmlösa synder som är bra krydda. Lycka är inte frånvaron av problem det är förmågan att hantera dem som ger upphov till självbekräftelse och upplevelser av aktivitet och timing och viss mening med livet. Den som aldrig har försökt har aldrig begått ett misstag och därför inte lärt sig någonting. Gud begår inga misstag men Jesus är ingen Gud bara en halvgud. Jag tror Jesus ger intrycket att vara både geniet och idioten och hemligheten med honom är att han arbetar hela tiden med sin bättring, pånyttfödelse och frälsning han blir fullkomlig och bekräftad till slut av. Det finns en uppfattning att människor rättar sig bara efter Jesus om han framstår som Herren och blir bekräftad som det efter allt han säger och de upplever kraften från det, vilket upprättar en ny ordning annars faller allt. Det är precis som människor behöver goda ledare i alla sammanhang och Fadersgestalter de ser upp till vilket berättar om intressanta historier och förmedlar intressant undervisning för att de ska själva uppträda väl efter en ordning som fungerar bra.

Människan är en grym varelse som förstår mycket. Människor bryr sig inte om vad du gått igenom du lider av ibland utan de bryr sig bara om de passar dig och kan göra något för dig. Helst vill man vill leva ett bra liv och det ultimata är det liv man

drömmer om och har man inte den möjligheten brukar man bli en
filosof och filosoferar om det. En viktig lektion i livet för alla är
att tänka att det kan aldrig hända dig som handlar både om det
hemska och härliga. Jag upplever det underbara ofta på enkelt
sätt genom att tänka utifrån min livskärlek och samtidigt lyssna
på musik som handlar om framtiden. En människa jag inte kan
med är min livs förrädare. Jag tål inte honom efter hans
avskyvärda gärningar som drabbat mig. Någon har sagt att det
finns ingen otrevligare människa än han som är hårda ord. man
kan tolka det att han kunde vara jävligt otrevlig och obehaglig
som människa. Att förråda människosonen är likvärdigt med
satans försök att byta ut Gud mot sig själv då allt faller för han
har unika egenskaper i form av livet som inte går att ersätta.
Man blir sitt eget offer av vrede och Gud brukar svara vrede med
tystnad. Man kunna uppleva en enorm vrede att någon har
förstört ditt liv. Herren gillar inte att man blir bitter och ältar det
som varit och lämnar det åt sidan man ändå inte ändra på det
som har hänt bara dra rätt slutsatser av det och försöka förstå
orsaken och verkan av det och försöka göra det bästa av
situationen och att lita på att Herren dömer rättvist. Tiden läker
de sår man kan inte reda ut med förnuftet.

Kristus kan bli Kristus eller en antikrist och Maria Magdalena
kan bli Maria Magdalena eller den babyloniska skökan. Alla
goda människor kan bli goda eller onda som onda människor
kan bli onda eller goda genom sina val som de gör ständigt i
livet. En fallen Messias blir aldrig en antikrist om den inte blir
ond. Maria Magdalena var utsatt som kvinna för sitt utseende

119

som en mycket vacker och sexig kvinna. Hon blev sexuellt utnyttjad som ung vilket påverkade starkt vad hon tänder på som hon utvecklade till en konst som hora och sälja sin kropp hon fick ut mycket njutning av. Jesus både hatade och förstod för att han förstår allt som kärleken. Jag tror Maria Magdalena skulle bli lyckligare att känna sig som en bondbrud vilket är med intressanta män i himlen och upplever bara lite men extremt skönt sex och når det gudomliga genom sin skönhet, än att bedriva en massa hor i världen. Men hon befann sig i världen och inte i himlen där Jesus som upplevdes som en spegel för henne var hennes enda räddning. En bra kvinna tillåter en man att vara en gentleman som inte dömer henne för hennes förflutna.

Man kan se Herren som idén om den djupa kärleken den djupa vänskapen det lyckade sexet och den perfekta skönheten som vill uppleva kraften och sanningen och det bästa livet. Den som ser Gud redan i världen har förmågan att se skönheten i mycket som andra inte upplever lika mycket skönhet i. Man kan uppleva mycket skönhet intressant och ointressant och även mycket av det fula intressant och ointressant genom sexigheten och det speciella människor utstrålar av det motsatta könet. Sexighet kommer lika mycket från elden i själen och ögonen som från kroppen och kläderna. En del attraheras mycket av intelligens, språket och samtalskonsten att det väcker stort intresse hos dem att man har rätt i mycket och har ett djup. Sanningen är alltid skön men skönheten är inte alltid sann. För en del måste allt vara sant för att upplevas skönt att det hjälper till mycket. Sanningen är alltid bäst för många människor. Gud upplever inte skönheten inte så mycket bara i skönheten utan mer i olikheter, starka olikheter, symmetrin i allt, i sanningen, i musiken, i matematiken, fysiken, i aktiv timing, det otroliga djupet, mystiken. Ordet har mycket kraft och skönhet om det uppenbaras på rätt sätt och hur man formulerar sig. Man kan säga att Gud erfar skönhet bara i det som upplevs intressant.

Odjuret

Det finns en profetia att odjuret som människa ska komma från Danmark. Odjuret har tolkats vara en antikrist och en symbol för motståndet mot Guds son och hans anhängare är många av dem antikristers. Odjuret står i centrum och får mycket uppmärksamhet i en stad där han smutskastar Kristus som han planerar att döda men blir besegrad av Gud till slut genom fruktan och inse sin begränsning och plats. Odjuret är präglad av laglöshetens mentalitet och att lagen att den starke ska vinna ska gälla. Han är kropps och sexfixerad på ett destruktivt sätt och samtidigt en utslagen person vilket upplevs som en otäck jävel, men har vissa likheter med Kristus som en evig rebell men vill inte underordna sig eller söka Gud att det är uteslutet för honom. Min tolkning är att odjuret är främst ondskan inom människan och något i det yttre man upplever i världen men det finns ingen som är det enda odjuret men det finns många odjur. De brukar vara eviga rebeller och vill inte underordna sig Gud som de felbedömer. Det finns en uppfattning att odjuret i uppenbarelseboken handlar om angreppet mot Herrens nya kyrka som kommer från samhället och människor. De säger att ett odjur upphör att vara vanlig människa och har likheter med en gud men är inte en gud. Klassiskt är att om man inte kan leva i ett samhälle och njuter av tystnad är man antingen en gud eller ett odjur som står varandra närmare än man tror. Sen finns det halvgudar som är en syntes av människor, odjur och änglar. Många människor är varken fiender eller vänner med Gud men sen finns det rena motståndare till Gud vilket brukar kallas antikristers som förnekar Gud och vill att man ska överge hans sanning. Jag blev klandrad av en antikristers för att alltid gå i samma kläder hela tiden i en period i mitt liv. En person tyckte jag var en otäck jävel att det inte bekom mig inför andra människor av hans rykten. Många människor är mycket bättre än vad många rykten säger om dem. Rykten innehåller bara lite sanning men gör anspråk på att ha mycket sanning.

Jag läste att det finns ny forskning som tyder på att extremt intelligenta människor byter kläder betydligt mindre än vanligt och går ofta i samma kläder men byter underkläder som förekommande bland professor vilket som befinner sig på profetnivå i sitt kunnande. Man kan bli sedd som ett monster och ett geni av det om man är väldigt intelligent i de tillstånden. Inget är totalt rent eller totalt orent men vatten har förmåga att göra allt rent men inte ett dåligt rykte. Naturen präglas av en renhet och smutsig renhet och samma kan man säga om människor. De tycker det är väldigt otrevligt att fixera sig vid det för alla vet att de är orena i emellanåt. Väldigt grymma elaka människor försöker framstå i en ärlighet men har ett ont syfte med det och säger ofta saker som inte är sanna och brukar bli väldigt hårt straffade av Gud för det. Alla är förutbestämda för himlen och ingen till helvetet som innebär bara att alla har chansen från början och får många chanser i livet av Gud. Mycket är präglat av Dantes inferno och en gudomlig komedi och ett spel där alla har olika roller som leder till slut till mångas slutgiltiga frälsning och räddning på grund av Kristus. Helvetet är bara på jorden för många människor. Det är tänkbart scenario och reflektion från mig som kan vara sann eller osann. De säger att Jesus värsta plågoandar och motståndare hamnar i helvetet som har varit riktigt jävliga mot honom. Swedenborg menar att alla människor som är sataner(onda andar) och djävlar(onda genier) som gillar falskheter och ondskor som inte tillhör paradiset hamnar i helvetet som upplevs tråkigt och tomt. Min erfarenhet och tolkning är att människor som Gud inte gillar av olika anledningar kommer aldrig till Gud fast de försöker och är man förhärdad är det helt omöjligt. De är inte så lätt att få kontakt med Gud om man inte är lika skön i anden och tänkandet som han. En del människor vill inte komma till himlen för det vet vad det innebär att ha himlen inom sig och kanske upplevt det en kort period men säger nej till det att de vantrivs och känner sig malplacerade i det tillståndet. De uppskattar inte det livet som är tragiskt. Men det finns lika många himlar som olika människor där alla upplever att de lever sitt eget liv. Gud tillåter lidande för det leder till liv och vishet men han tillåter inget evigt lidande. Helvete betyder lidande men himmelriket har tolkats vara ett litet helvete och ett stort paradis och ibland kan man uppleva en jämvikt av dem i himlen precis som i världen. Utan lidande kan man inte lära sig någonting. Jag tror i himlen återupprättas man fysiskt ständigt genom att bli ung och frisk av det vilket är härligt

att uppleva att det är slags fullkomning och man känner sig
verklig av det.

Falske profeten

Falske profeten är både en människa och något generellt i
världen. Man kan se falske profeten som tro allena som präglar
samhället att man tror bara på kalla sanningar utan värme och
kärlek. Det innebär också att man tror man kan komma till
Himlen endast genom tron på kyrkans Jesus.

Falske profeten(förtalaren) som innebär att han säger ofta saker
om andra människor som inte är sanna är död nu jag kom i
kontakt med i en förening han styrde som en tyrann kallade mig
för avskyvärda människa som vittnade om hans ondska. Jag vet
bara att Herren sagt till mig att han ska vara den vidrigaste
människa som levt på jorden och han likande en skallerorm. Jag
vet en del kvinnor som tyckte att han såg jävligt äcklig ut. Han
kunde uttala sanningar om världen men ibland kom väldigt
hårda ord från honom om andra människor. Han var skenhelig
och pratade bakom alla. Jag upplevde honom som en väldigt ond
och förhärdad person vilket hade problem och var inte lycklig i
sig själv. Herren har sagt att han trodde han var Gud och en bra
människa som hade rätt att kritisera andra. Han såg på sig själv
som den högste mest upplyste till den grad att han skulle aldrig
acceptera Herren som människa och ville ta hans plats. I Bibeln
står det att man ska akta sig för falska profeter att de kan göra
stor skada på det mentala planet om man hamnar i deras våld.

Falska profeter säger det onda människor vill höra för att bli populära bland dem. De söker inte sanningen utan bara sin egen ära. De är som rovlystna vargar som angriper får och är mycket egoistiska. Falske profeten sade om Bibeln att jag tror inte på sånt där och tyckte det gav ett äckligt intryck när han läste det. Han sa också att han tyckte de frireligiösa är värst och sjunger bara om pärleporten. Han hade intrycket att de är svaga människor som vacklar i tillvaron. Det finns många tvetydigheter i Bibeln som inte tilltalar förnuftet. Det handlar om något som man inte förstår är mitt intryck av mycket som är skrivet i den. Det kan handla om en historia som har ett djupare budskap. Den präglas av många olika stilar i språkbruket men jag upplever det inte äckligt utan vackert och kärleksfullt präglat av vishet. Den heliga Skriften är som en spegel där man ser Gud, en var och en på sitt eget sätt. Ibland ser man inte Gud i det man ser för att man har åsikter om det. Vad du tänker blir du vad du känner attraherar du och vad du föreställer dig skapar du. De säger ibland att Gud är din föreställningsförmåga att han kan upplevas i den om han gillar vad du föreställer dig som innebär att han ger liv till den i dina sinnen i det du observerar och upplever.

Jag kan finna många påståenden inom filosofin som jag definierar som gudomliga sanningar om livet. Om man bara läser Bibeln får man ingen bra bild av paradiset eftersom det står så lite om det i den. Därför upplever man inte paradiset bland de frireligiösa eftersom de vet så lite om det. Herren känner sin plikt att uppenbara sig lite grann på gudstjänster men det betyder inte att han gillar alla dem som sitter där men han brukar visa så stor nåd mot alla människor. De frireligiösa har ofta den synen att Jesus är en snäll människa de tyr sig till och sätter sitt hopp till. De försöker framstå så bra ytan men har inte alltid rent mjöl i påsen. En vän har kallat dem för mammons hundar och kritiserat att de är politiskt högerinriktade. Men det finns både bra frireligiösa kristna och dåliga frireligiösa kristna.

Falske profeten (Förtalaren som trodde han var en väldigt bra människa men var en väldigt elak och ond människa) blev förföljd av en galen stalker som ville ha sex med honom och gav sig inte som slutade med att han hotade att ringa livet ur honom vilket gjorde att falske profeten vände sig till polisen men blev inte av med honom och hamnade i upplösningstillstånd och yttra sig om avskyvärda människa. Samtidigt bjöd han på det att de var som två fåglar vilket kvittrar med varandra. När stalkern blev kåt hade han rätt och när falske profeten blev arg hade han rätt. Genom telepati sade jag till falske profeten ska du inte berätta om din bögpolare och han blev ursinnig och sade att han kunde halshugga mig. En person som haft kontakt med myran antydde att han var en idiot men jävligt smart. Jag tror han sade en massa sexuella provocerande grejer och uppmaningar som falske profeten blev så arg av till slut och började tala mot anden för att håna myran för dem.

Jag vet en person i denna förening på 90-talet jag upplevde som en föraktfull människa som gav ofta föraktfulla blickar ibland åt andra han såg ned på. Jag ser han som en av falske profetens närmaste män. Han levde sitt eget liv med ett enkelt arbete utan kvinnor med få vänner och älskade att äta pizza. Han tillhörde de där gänget som såg upp till och lyssnade mycket på han jag pekat ut som falske profeten. Han var inte trög men inte speciellt intelligent. Han hade en tendens att säga att alla är sinnessjuka om han tyckte något var orimligt med vad de gjorde eller sade som är ett tecken på att själv hade problem att tolka rätt med sina sinnen. Jag tror inte han klarar att ta emot för många sinnesintryck att han blir förvirrad av det och reagerar föraktfullt mot det som speglas i det han säger. Jag vet att han betraktar mig som sinnessjuk. Men han har även kallat Jesus i Bibeln för sinnessjuk. Jag tror han själv lider av en högfungerande schizofreni. Han tycker även att Nitzer ebbs musik är sinnessjuk och jag kan gifta med sångaren i bandet. Min engelska lärare tyckte de verkade både intelligenta och filosofiska men att de gav intrycket att vara psykopater. Om jag skulle sinnesundersökas skulle det komma fram att jag är inte sinnessjuk men har bra koll på allt som sker runt omkring mig i omgivningen och förstår mycket på en överintelligent nivå som kan tolkas galet av de som inte förstår det. Psykiatriker vet inte vad en psykos är och betraktar det inte som en sinnessjukdom eftersom man fortfarande kan skilja på rätt och fel i det tillståndet. En psykos kan upplevas som en okänd andlig värld vilket upplever en naturmystik och det gudomliga. Den som inte är i andligt ljus är inte verkligt förstånd och förstår inte allt. Men för att vara i andligt ljus måste man erkänna den andliga världen.

Min vän Lars William Larsen

Den yttersta domen för varje människa sker inte på jorden utan i andarnas värld men Armageddon är slutstriden mellan gott och ont och är Guds vapen mot ondskan på jorden som leder till upprättandet av tusenårsriket som innebär en ny världsordning och bättre mer rättvisare värld. Antikrist är en Kristusfientlig och Gudsfientlig politisk ledare med stor makt vilket inte framträder än i världen som en slags fredsmäklare och en satans tjänare som förespråkar en falsk religion man kan se allt människor tror på felaktigt. Man brukar säga att ateismen är det normala i världen som är en slags religion. men Kristus förespråkar sann religion som baseras på den djupa sanningen vilket frälser. Många klandrar varandra för att utöva falska religioner som har olika åsikter, uppfattningar om övertygelser om det. En sann religion måste basera på det sanna och heliga som känns igen av det rimliga och vackra som är i enlighet med att det bästa livet segrar. Antikrist uppenbar sig aldrig bara på sociala medier bara utan främst inom makten i den politiska världen men profeter kan verka på Facebook som jag som ett ljus och upplysa människor. Men ger man intrycket att vara den visaste människan i världen som jag kan man få mycket uppmärksamhet och kanske man blir förkastad av en del som en antikrist om det tolkas vara obibliskt. Man ska inte frukta människor även om man känner att man har hela världen mot sig utan man ska bara frukta Gud som kan kasta dig i helvetet om han vill. Alla som tror på Gud känner att de har många emot sig i världen och i synnerhet om man är en profet.

Lars William Larsen känd som skogsmannen vilket påminner om Johannes döparen ser sig också som en fallen Messias och domedagsprofet. Han kallar sig ibland naturens Messias och mig för skönhetens Messias. Han ser bara Vladimir Putin som en diktator. Lars tycker synd om han och ber för han ibland för han vet vilket helvete han lever i trots all hans rikedom och makt. Han är fördömd av många i världen men jag fördömer han inte. Gud gillar i den här världen och vill ha en ny världsordning. Man vet inte vad han har för planer och vad det är för tankar som rör sig i hans hjärna. Lars upplever Ryssland mer spirituellt än det dekadenta väst. Vladimir Putin är utmålad som djävulen av många i väst men han är inte mer djävul än någon annan. En del ser han som en god ledare som gjort Ryssland rikt och är mot mycket som är fel i västländerna. Jag ser han som lika bra och dålig som USA fast på ett annat sätt och befinner sig på andra sidan jordklotet. Min tolkning är att Ryssland vill inte känna sig hotade och bara leva ifred och klarar sig själva bra som ett väldigt stort land med enorma naturresurser men misstolkas. Det är farligt att provocera dem för mycket eftersom de har kärnvapen de är beredda att till om det hotar existensen av deras land. De säger att Putin är stenhård men är inte galen. Han ser kall ut men inte förhärdad ut. Det är bättre att ha hela världen mot sig men vinna sin själ än att vinna hela världen men förlora sin själ. Det USA gjorde mot Vietnam var mycket värre än vad Ryssland gjort mot Ukraina säger jag utan att försvara Ryssland. Man förstår sällan de djupa orsakerna till konflikter i världen och media och nyheter ger bara en ytlig bild av det. Känt är att Gud sällan ingriper i världen och förhåller sig neutral till *konflikter på världslig nivå och sällan ingriper även om han haft rollen som en krigsgud för judarna. Swedenborg menar att man rätt att försvara det som är gott. Han är populär inom vissa kretsar inom försvarsmakten i Sverige som gillar hans idéer. Världen har pengar för krig men inte för att mätta alla fattiga. Att starta krig är väldigt korkat och kan alltid undvikas som besparar mycket lidande. Konflikter uppstår ofta av att man inte förstår varandra och upplever det själva har rätt och lyssnar inte på varandra.*

Det finns en tanke att Guds väsen består av Fadern, sonen den helige ande och även djävulen som tolkas hädiskt men har sin logik. Gud har skapat djävulen och älskar därför djävulen som en nödvändig ingrediens. Swedenborg har den synen att all ondska kommer från människan. Han tror inte på djävulen som en mytologisk person som verkar och kan uppenbara sig. Men han menar att djävulen eller ondskan måste få finnas som en motvikt som bildar jämvikt med Gud i världen och kanske även i himlen som driver människor till sanningen och vill de inte ta emot sanningen så hamnar de i avgrunden mentalt. Swedenborg menar att det finns ingen djävul eller satan som människa bara sataner och djävlar som gillar ondskor och falskheter att de är förhärdade annars skulle de lyftas upp mot himlen.

Makt, njutning och rikedom kan både bli en välsignelse eller en förbannelse. Man kan bli berusad av makt att man känner att man är nyttig för många samtidigt som kan bli paranoid av det när man försöker bevaka makten och att man är i en position där man inte kan dra sig tillbaka som betyder att man lever och dör

med det. De brukar ha en målsättning att gå in historien som
hjältar för de folk de styrt och hjälpt och vinna en slags
odödlighet. Albert Einstein tyckte det var jättekorkat att ägna sig
åt krig. Det är konstigt att det förekommer överhuvudtaget i
världen med tanke på människans förnuft och det stora lidande
det brukar innebära. Ofta handlar det om kamp och konflikter
om makt och pengar och inflytande över världen. Ett människoliv
i vissa sammanhang är inte mycket värt och många söker ett
äventyr genom ett krig. Men del historiker menar att krig
utvecklar samhällen till en högre nivå när man finner fred och
bygger upp det igen och det brukar sätta fart på ekonomin.

 Teknoparadiset och laglöshetens värld kallas ibland för
antikrists värld ingen vill leva i som leder till den totala döden
för det upplevda livet. Teknologi är djävulskt invecklat och
samtidigt djävulskt sårbart och kan inte räknas som nyttigt, men
Gud skapar inget onyttigt och himlen är ett nyttornas rike där det
mest teknologiska är bara för hemmabruk och musikupplevelser.
Naturen är organisk som gör den äkta, ren och hållbar och
teknologin är syntetisk alltså konstlad artificiell inte äkta och
sårbar. Människan är en organisk varelse som är skapad för det
organiska i livet ursprungligen. Men människor anpassar sig till
saker och känner att de är tvungna att göra det de gör som kan
tolkas som både rättfärdighet, ondskefull verksamhet och ett
slaveri. Människor är beroende av pengar i sina liv i världen och
många vill trygga sin ekonomiska framtid och sin sista period i
livet som är mänskligt. De flesta människor tror inte på Gud och
lever det här livet och när de dör tror de livet är slut och att de

återgår till det tillståndet de hade innan de föddes. Ateismen är alltså det normala i världen och en grundsats i den är att man tror att Gud är något människan hittat på. Genom att erkänna Gud är det som man skapar Honom sitt liv om Han uppenbarar sig av det. En bekant som alltid har 2.0 på högskoleprovet han gör ibland tycker kristendomen är jättekorkad att Islam är mycket bättre att den är mer logisk även om det finns orimligheter i den också främst hur man utövar den. Islam i vissa former är mer liberal än många former av kristendom där de sjunger och dricker vin och är öppna mot varandra. Jag tycker att Swedenborgs uppenbarade sanningar och idéer är de mest geniala och är bäst att känna till. En religion som är filosofisk och mer intellektuell och vettig är lättare att tro på där man söker lösningar och förklaringar på livets problem och finner många av dem inom läran man saknar inom kristendomen. Kristendomen faller på en överambition vilket blir som ett högmod som leder till ett fall. Den baseras mycket på en dröm där både människor och verkligheten blir förvandlande i en helt annan upplevelse av livet, ordningen och Ordet.

Islam är en blandning av kristendom och Judendom. De är abrahamitiska religioner alla tre som betyder att de har gemensamma profeter och en del menar att de har även samma Gud. Mitt intryck är att det finns både andliga och köttsliga kristna, muslimer och judar. Vilken religion man utövar säger inte hur bra människa man är man uppleva samma sak med vilket parti man röstar på och stödjer. Swedenborgianismen har bara ett steg från verkligheten att man erkänner den andliga världen men baseras på en okänd andlig värld som är rotad i naturmystiken. Jag har den synen att den sanna kristendomen är förborgad men är den mest fulländade religionen men att det finns en högre nivå än religioner som är präglad av all sann filosofi som uppenbaras av helig ande och förnuftet. För religionen är det heliga sant och för filosofin är det sanna heligt. De säger att språket upplöses på en gudomlig nivå och övergår bara i lyckoförnimmelser. Ibland ser jag Lars William Larsen som en reinkarnerad arketyp för Johannes döparen som har en egen religion som en del utövar. Vackra saker och upplevd timing brukar hända i ditt liv när du börjar distansera sig från all negativitet att det positiva kommer fram i det i stället och du upplever det som Gud. Detta tror jag är en del av Lars filosofi i livet. Många vackra människor som lever bra liv och är bra människor som upplever härliga upplevelser i livet och når det gudomliga genom skönheten kan uppleva Gud i sina liv utan att tro på Gud eller veta att det är Gud de upplever. Många har upplevt det virtuellt genom filmer genom andra där de lever sig in det att de är med på något sätt sammanhanget med sina sinnen. Youtube är perfekt för att uppleva detta. Det upplevs både lätt och samtidigt svårt att definiera skönhet och alla gör det olika och alla tycker inte likadant om det. Konfucius sade att allting har skönhet men alla ser den inte. Sanningen är alltid skön men skönheten är inte alltid sann. Sanningen som är skön är skönare för mig än skönheten som inte är sann för mig. Men så upplevs det inte för alla. Sanningen som är skön har en själ och ett djup och kärlek har att göra med att något är sant men skönheten som inte är sann är själlös och har bara yta som kan *upplevas kall, hård och ond. Överge inte en evig skönhet för en skönhet som måste dö. Det innebär att inte överge sanningen för ondskan kan man säga.*

Lars William Larsen säger att alla är predestinerade till himlen och ingen till helvetet och tror på allas slutgiltiga frälsning det finns vissa belägg för i Paulus brev att det står att Gud ska besegra sina fiender genom att försona sig med dem. Men en del menar att det är något som upphävs av att förlåta allt vilket har sin logik. Detta har jag har upplevt när jag var på väg och förlåta satan att det kändes inte bra att det var något som upphävdes då och jag upplevde hans kollektiva väsen bland människor att det uppenbarades för mig då. Jag tror ingen som tror på Gud och lever i kärlek kommer bli fördömd om de inte gjort sig skyldiga till jättehemska handlingar som drabbat Gud att genomföra sin plan som falske profeten odjuret olika förrädare och antikristers. Alla extremt fattiga människor som är så fattiga att de kan inte synda och är syndfria som djuren i Guds ögon kommer till himlen och de är väldigt många i världen. Jag har lärt mig mycket av Lars och betraktar han som en stor profet. Han säger alltid bra och rimliga saker om allting och har egna idéer om paradiset. Lars William Larsen sade någon han tror Maria Magdalena var väldigt sexig vilket han kommenterade är som att svära i kyrkan. Jag tror även Jesus framstod väldigt sexig för en del kvinnor genom sin kraftfullhet, öppenhet och idén om det perfekta sexet.

Min syn på filosofi och religion

Religioner skapade mycket av profeter kan upplevas som ett försvar mot dåliga erfarenheter av både Gud och människor. Alla riken i historien som avskaffat alla religioner har gått under till slut att religioner behövs för människan. De är livets sak som formar dess mening. Hos alla människor som har en smula religion har kunskapen om att de lever som människor efter döden inplantats. Kristna afrikaner ser många svenskars syn på religion och det gudomliga som satanisk vilket präglas av förnekande av det och ätandet bara av kunskapens träd som en form av sekulaisreing. Filosofi kommer fram till att man lever i all evighet för annars skulle allt vara meningslöst och även filosoferandet om det som bygger på evigt liv och eviga sanningar som existerar i all evighet och därför också människan evigt liv. Att studera filosofi vinner man sann frihet och är en förberedelse och upplevelse av idealvärlden. Om man lever ett mycket bra liv i världen brukar man inte vara så intresserad av religion och filosofi som upplevs döma livet mer än man upplever det på bästa sätt. En filosof och vishetsälskare upplever livet mycket genom sanningar och Ordet som har med allting att göra och handlar om livets kommande attraktion man ser fram mot. För att förstå himlen måste man förstå livet för där lever man det sanna och bästa livet. Därför är det så intressant att studera filosofi som försöker förstå livet som är ett evigt liv. Jag ser filosofin som den första och främsta vetenskapen tillsammans med samtalskonsten. Filosofi är inte bara rimliga påståenden utan en aktivitet man kan säga är läran om tänkandet. De säger att det rimliga är sant och det sanna är rimligt. Filosofi kan hjälpa oss att förstå Gud och livet lika mycket som religionen.

Skillnaden mellan religion och det spirituella är att du läser och tolkar bara med religion som kan upplevas intressant men du var född med det spirituella som är en personlig relation med det gudomliga. Filosofen studerar den moderna människan för hennes tid vad som driver henne och vad som gör att hon finner mening med sin existens och livet värt att leva i ett evigt perspektiv. Att förakta filosofi är att förakta att veta sanningen. Kärleken till filosofi är kärleken till sanningar som har mycket med livet att göra varje dag.

Är sanningen och sanningar logiska att de bryter inte mot logikens lagar är en intressant filosofisk fråga? Sanningen är varken logisk eller ologisk men har sin egen logik baserad på vishet. Genom logik kan man bara ta reda på vad som är rätt och fel på en viss nivå och aspekt av det men inte uppenbara hela sanningen om det utan djup vishet. Swedenborg menar att alla sanningar är förankrade i Ordet och även alla lögner i världen men de brukar inte bestå i all evighet som sanna ord, som talar för att filosofin som den första vetenskapen är den främsta. Filosofi börjar i undrande och präglar filosofers tänkande. All filosofi är intressant och aldrig helt osann som olika syn och infallsvinklar på allt. Men det enda sättet att upptäcka och uppleva filosofi är att bli en filosof själv. Min erfarenhet är att vishet kommer från lidande som är en form av upplevt helvete även om det kan erfaras som ett litet helvete och vishet kommer av även av undran som präglas av att vilja veta, fråga sig, fundera och tvivla på olika saker då man förvånas och ibland blir bekräftad av det. Utan det undran och lidande kan man inte tillväxa i vishet och lära sig någonting av det. Mitt liv nu domineras av sökande, lidande, glädje och undrande. Man ska inte jämföra religion med filosofi att man säger de är identiska med varandra men att det finns religionsfilosofi. Jag har den synen att religionen är livet sak som formar dess mening. Vi klarar oss inte helt utan religioner i världen och alla riken som avskaffat dem fullständigt har gått under till slut. Livet fungerar inte bra komplett utan det gudomliga för människor. Jag erkänner att det gudomliga finns i alla religioner att man kan finna vishet i dem alla. Den sanna religionen är den mest rimliga och vackra religionen för mig men jag ser det som en syntes av alla religioner med tonvikten på Swedenborgs religion. Religionsfilosofi är lika gammal som religionerna själva. Religionsfilosofi utgör ett delområde inom filosofin. Det är den rationella reflektionen över religioners och livsåskådningarnas påståenden och strukturer och outtalade förutsättningar och konsekvenser. En nyckeldel i religionsfilosofin är med filosofiska metoder är att granska de argument som framförs av religiösa teser. Religionsfilosofi kan ses som filosofi bedriven från ett vist religiöst perspektiv och fokus på religiösa frågor som är relevanta för den religionen. Vishet och filosofi är en slags förbindelse med livet, sanningen och Gud som uppenbarar sanningar om dem.

Jag är mer intresserad av filosofi än poesi. Även Bobby Fischer har uttryckts sig något liknande. Man brukar säga att filosofin står för tråden och poesin för pärlorna. Jag vill uppleva livet på en hög nivå därför är jag mer intresserad av filosofi, men de säger man ser mer av verkligheten genom att läsa mycket poesi även om man kan bli flummig av det. Filosofer är slags tänkare och profeter fast de inte är utvalda av Gud men har ett väldigt bra förnuft som är ett Gudsbeläte inom dem. Ofta är deras ledsagare efter att upptäcka sanna uttryck att det är både rimligt och vackert att det sanna är ofta vackert och även rimligt. Både filosofer och profeter är vishetsälskare och har sin lycksalighet i gudomliga sanningar. Det innebär att de kan uppleva upphöjda lyckoförnimmelser av dem i det högre medvetandet för de handlar om livets kommande attraktion. När man upplever det gudomliga erfar man ofta att det vibrerar i kroppen på ett skönt sätt som ger upphov till ett lyckorus. I ett avseende är vetenskap det vi vet i grunden men filosofi är det vi inte vet men som befinner sig på en högre nivå att det är ibland är metafysiskt. En del kallar vetenskapsmän för sökare och filosofer för turister. Men jag tycker filosofi kan uppenbara en dimension av livet inte alla upplever och känner till. Jag tror man kan vinna odödlighet som filosof om man älskar visheten av det och innebär att man älskar Gud på riktigt för han är visheten. Man kan bli stollig eller en analyserande iskall överintellektuell person att ägna sig för mycket åt filosofi än att i stället uppleva livet. Men det är en gåva att studera filosofi att man kan bli upplyst och bli en mycket begåvad person för att visheten tillväxer av det. Man får en bra känsla för vad som är rimligt och sant av filosofi. Utan kärleken är visheten ingenting men stor med kärleken som också upplevs bättre med visheten.

Vad är skillnaden att vara manisk och lyrisk de påminner om varandra och jag anses vara präglad av båda. Det har även att göra med en besatthet och fanatism och att man visar stort intresse och passion för något man känner stor kärlek och beundran till. Vishet handlar ofta om att bilda sig och ta emot det som känns rätt och omvandla det och formulera om det och upptäcka något nytt med det så att det framstår ännu bättre. Att studera filosofi innebär att vinna sann frihet och förbereda sig för livet i himlen som består av ett ständigt undrande och upplevelser av genialitet som uppenbaras och man kan uppleva på ett liknade sätt av sina favoritlåtar i musik. Om jag har fått lika mycket vishet från Gud som kung Salomo innebär det om inte Jesus räknas att jag tillhör med Salomo att vara den visaste människa som levt på jorden. Det gör mig stor men inte till Herren som människa. Sokrates som var väldigt vis ansåg att dialektiken var den främsta vetenskapen som handlar om naturen, samhället och språket där man försöker definiera dess sanningar bara förankrade i Ordet genom hjälp av dialogens väsen och ställa frågor om allt tills man känner sig nöjd att de är besvarade men som kan upplevas som ett evigt problem som aldrig kan bli besvarade. Livet upplevs bestå av ett otroligt djup som har nästan ett oändligt djup. De säger att sanningen är enkel på Guds nivå men först när man försöker förklara den blir det komplicerat. Gud har skapat all människor med förmåga att kunna uppleva sanningen. Dialektiken ser naturen, samhället och språket som olika mysterium vilket består av en både svår och enkel sanning. Det handlar om att lära sig se och uppleva Gud i allt men inse att han inte är allt men vakar över allt och kan uppenbara sig i allt. Jag tror på att nå nirvana alltså full frid i jordelivet och upplevelsen av den andliga världen som präglar Gudsrike.

Min uppfattning om Bibeln och erfarenhet av kristna

Jag upplevde Gud uppenbarade sig för mig gåendes nedför en backe i en natur och han verkade jättearg och jag tittade i Bibeln och Gud sade varför tittar du i den för och fick intrycket han såg den bara som en historiebok och är värdelös om man inte förstår den och förverkligar den på rätt sätt. Jag upplevde avgrunden av det och kände mig fördömd men fick tillbaka livet när jag gick hem då kände mig försonad med Gud igen. Jag upplever många frireligiösa farliga som bedrar en från sanningen med sin korkade syn på livet och Gud vilket är trångsynta, stolta och kan vara riktigt jävliga och är för bokstavstroende och ointellektuella utan djup som bara förnekar en helt fast man har rimliga och vackra idéer som tilltalar förnuftet mer med vettiga människor vilket är inte helt dumma huvudet. Swedenborg säger att hycklare är de värsta av onda andar. Men att vara aktiv kristen i en frireligiös församling innebär ett hyckleri med tanke vad Jesus står för.

Jag ser Bibeln främst som historia vilket innehåller mycket guld men ingen fullkomlig lära om man tolkar den fel bara om man tolkar den rätt som kräver vishet och rätt syn på den då man erkänner alla sanna läror även om det är bara mänskliga läror som matematiken som ingen förnekar. Mycket i gamla testamentet handlar om det som ska komma där Messias är en centralfigur som beskrivs på olika sätt av profeter. Mycket som står i Gamla testamentet är bara historia och var budskap till det judiska folket då som kristna tolkar som universella budskap som är felaktigt även om det speglar lite Guds natur och tänkande där han verkar vred och arg över synden samtidigt visar mycket nåd och tålamod. Mycket som står i Bibeln är kryptiskt och man vet inte vad det handlar om egentligen.

Tankar om Gud

Man tycker att Herren borde uppenbara sig av kärleken till gudomliga sanningar vilket är hans sanningar som upphöjer och beskyddar gudomen och framför allt om man har sin lycksalighet till dem. Men det verkar som det inte fungerar bara så. Det verkar som Gud uppenbarar sig bara för människor om de känner kärlek till han son Jesus Kristus som han framställs i Bibeln där han ger ett heligt men förlåtande och kärleksfullt intryck. Men jag tror bättre att känns kärlek och lycksalighet till gudomliga sanningar än bara kärlek till Jesus men bäst är att kärlek till båda. När man söker efter människan Jesus ska man inte göra det bland kristna i kyrkor utan i sitt eget liv i sin ensamhet och tolka själv det som står i Bibeln om honom är mitt råd och försöka överkomma fördomen mot Jesus alla har. Alla sanningar om kärlek och vishet präglar han som människa som tilltalar alla människor som betyder att han förstår allt och är skön människa och en fin gammal man med mycket erfarenhet av livet.

De som väljer bara satan och väljer bort Gud i sina liv väljer endast världen, ondskan och mammon. Motsatsen skulle vara Herren, godheten och älska det enkla och nyttiga med tron på det sanna. En natt när jag var vaken sade Gud till mig om du överger så överger jag dig och jag ska besegra satan åt honom man kan tolka att jag är en arketyp för ärkeängeln Mikael som är en stridsängel åt Gud. Det är både vackert och hotfullt sagt och gäller alla människor. Det präglar alla relationer att när man inte tror och älskar varandra längre brukar man överge varandra. De säger att ärkeängeln Mikael har lika hög rang som Jesus men är inte lika fullkomlig som han. Mikael är lika smart men inte lika syndfri som Jesus. Det sägs att det finns en begränsning i rang men inte fullkomligheter man får av Gud och livserfarenheter och ökande vishet. Ärkeängeln Mikael kan upplevas som en mindre Messias och bara en stor profet som är extremt vis. Ärkeänglar är stridsänglar som beskyddar och upphöjer Gud och Jesus som upprättar kraften bland alla och undervisar om den för att människor ska komma in i den och lättare uppleva den. Den högsta nivån präglas av det gudomliga, kraft och timing man klara sig utan på en lägre nivå även om det är härligt upplevt man ofta blir bekräftad av där man befinner sig. Det är som skillnaden mellan fullkomligheter som handlar om det perfekta och nyttor som är goda gärningar.

Tro på Gud är som kärlek det kan inte uppstå med tvång och har att göra med att något stort är sant och man tror på varandra. Gud upplevs mer som en person och ett väsen man kan vara både vän och fiende med en att han är själva livet och sanningen även om han kan påverka *upplevelsen av livet och uppenbara mycket av sanningen som är ofta förborgad för en i världen. Man kan ha synen och uppleva att Gud är i grunden bara en upphöjd Fadersgestalt. Man finner och skapar Gud i sitt liv bara om man erkänner Honom och tänker på ett vist sätt och samtalar med honom han uppenbarar sig av ibland som upplevs översinnligt man aldrig glömmer och bekräftar hans existens av och blir medveten på ett annat sätt att han finns närvarande hela tiden i sitt liv. Tro på Gud innebär både en fruktan och trygghet i livet. Gud genomlevs alltså översinnlig när han uppenbarar sig som upplevs omotståndligt. En del tror på Gud bara om de upplever han starkt annars känns det som de bara upplever världen. Stark tro på Gud är en talang som hjälper en mycket livet genom bön han svarar på ibland för att tror så kraftigt på det. Även om Gud upplevs fallen och inte har gjort rätt i allt kan han alltid upprätta sig inför människor genom att uppenbara sig.*

Jag uppfattar Gud som mycket bakgrunden i allt och alltid vara Ordet. Kunskaper om allt är aldrig helt värdelösa om man förenar dem med det spirituella och bidrar med då att förstå bakgrunden bättre. Bildning leder till större uppskattning av allt. Naturvetenskap kan ses som en religiös process att förstå Gud matematiskt utan att Han behöver bevisa sin existens att Han upplevs av skönheten i i stället i naturvetenskapen genom matematiken och språket som beskriver allt om det. Men upplevelsen av naturen överträffar teorin om det som är bara intressant men inte tillräckligt levande och förändrar ingenting egentligen. Naturen är lika originell som en konstnär som ofta avbildar naturen i originella motiv av den. Naturen kan upplevas som en andlig värld, om den upplevs på bästa sätt som i himlen. Gud är sanningens Fader men han är inte alla sanningar som existerar oberoende från Gud som är främst gudomlig kärlek och gudomlig vishet. Gud är inte god för han är Gud men att han gör rätt och visar stor nåd och arbetar med våra högsta önskningar. Gud löser inte allt liknande naturen men man är beroende av både Gud och naturen. Vi väljer själva om vill tro på Gud eller inte som hör ihop med att erkänna det gudomliga och ta avstånd från det onda. Det du söker spanar efter dig detta kan uppleva med Gud. Att tro på Gud är bästa förklaringen till livet och varför vi finns till att det finns en Gud som skapat allt. Tron på Gud är inte för alla att det är gåva att ha stark tro på Honom. Många har svårt att tro på Gud och lättare att förneka Honom kanske för de har svårt att överkomma fördomen mot Gud. Men Swedenborg säger att inom varje människa som har en själ finns det en röst som säger att det finns en Gud och han är en. Men en del förnekar det och upplever inte det. När Buddha som är en av de klokaste människorna vilket levt på jorden blev frågad om Gud finns förblev han tyst och sade ingenting. Jesus reagerade på ett liknande sätt genom att förbliva tyst av frågan vad är sanningen som är att fråga vad är Gud som inte går att förklara mer än att han är olika väsen i livet. Bibeln menar att Gud är en skapare. Men Buddhismen kan inte acceptera någon skapare. Jag tror skapandet av människor sker mycket genetiskt genom avlandet.

Man kan se evolutionen som en berättelse om Gud och människan där de samverkat med varandra genom det sexuella som krävs för att skapa människoliv i världen. Människans uppgift är att bli medveten om innehållet i det undermedvetna och Guds medvetande som trycker uppåt och kan upplysa och leda till ett uppvaknande. Gud kräver av varje människa att ta livet på allvar och han hatar krig men är en gammal krigsgud. Men i krig upplever man verkligen det destruktiva allvaret *man borde uppleva hela tiden på rätt sätt då det upplevs mer innehållsrikt, spännande och fullkomligt man upplever i himlen i fruktan och beundran av Herren.*

I Bibeln står det Gud har gjort alla människor. Jag tror skapandet sker genom avlandet. Gud skapar både fult och vackert som vittnar om hans fullkomlighet och ofullkomlighet. Men även i det fula kan se de perfekta att det blir vanskapt om man försöker förbättra det med plastikkirurgi. Dilemmat är att om alla vore extremt vackra så skulle alla se nästan likadana ut som skulle upplevas väldigt tråkigt och skönheten försvinna av det. För att skönheten ska upplevas måste man uppleva kontrasten med det fula, där man inte avskyr det och inte prisar någon enbart för dess skönhet skull.

Jag tror Gud vill att man ska erfarenheter av livet i världen att alla föds där först och lever livet där först innan de lever livet i himlen. Livet i världen innebär både lidande och glädje för alla som leder till vishet. Alla föds till okunnighet om allt som är rötter till både onda och goda. Det är vissa dagar och händelser man minns bäst när man blickar bakåt på sitt liv. Man inser man måste leva livet framlänges och man kan bara förstå det baklänges, och inget är förutbestämt, men Gud är med hela tiden och leder en även om alltid upplever en fri vilja och tankefrihet.

Människor lever i en arvsynd i världen som ger sig i olika uttryck som är resultatet av tidigare släktingarnas ondska och synder och man kan tycka detta är ett tillräckligt straff för att Gud ska förlåta människorna som det är synd om som är utsatta för detta men känner sig oskyldigt drabbade av det men som gör att de är så hårda mot Gud i sina hjärtan. Om någon säger något väldigt elakt om dig ska man inte ta åt sig av det när man inser orimligheten med det. Så tänker jag. Gnosticismen menar att den gammaltestamentliga Guden kan vara lika ond som han är god att han kan upplevas synonym med djävulen av det. Jag ser inte Gud att han är identisk med livet och sanningen bara delvis. Människor har både subjektiva och objektiva upplevelser av Gud ibland som de har även av livet. Att jag ser Gud i mitt liv behöver inte betyda att någon annan gör det och alla tolkar det olika. Objektiva upplevelser av Gud är något alla upplever och ibland gemensamt. Gud verkar och uppenbarar sig i bara i sina sinnen som är ens verklighet som inte är så bara utan ofta mäktigt upplevt att man bävar inför det. Alla Guds väsen kan man undvika men man upplever dem alltid ibland och man kan aldrig vara helt utan dem i livet. De säger att Gud är kärleken man kan bara nå genom kärleken som innebär att försöker förstå allt som Gud gör. Kärleken vill inte ha varaktighet utan nuet och evigheten. Man kan uppleva att evigheten är nu som är en speciell känsla av närvaro och evighet när man upplever stark kärlek i livet. Alla sanningar om kärlek speglar Guds natur och Jesus som människa och hans personlighet. Men det upplevs som subjektiva sanningar vilket är relativa. Bara de grymma är svaga och de starka är gentlemannamässiga. Men man uppleva detta både med Gud och Satan i livet hur de behandlar människor. Känt är att Gud har ett mörker och en vrede inom sig på grund av ondskan som brukar innebära både skam och upphöjelse genom rädsla och fruktan för hans makt. Gud själv bemöter vrede hos människor med bara tystnad och viss förståelse. Det finns ingen anledning att förstöra sig själv genom vrede om det inte vore för musiken.

Nietzsche menade genom att människan har dödat Gud kan hon uppleva det som återstår som själva livet. Kung Salomo hatade livet men hatade inte Gud. Man kan uppleva livet utan att man upplever att Gud uppenbarar sig i det. En del menar Gud verkar i livet som pensionär att han är aktiv men dragit sig tillbaka från sin fulla tjänst men verkar genom ljuset och den gudomliga försynen. Fadern ger ett mycket balanserat intryck och även att han har humor. En del vill uppleva livet med djävulen och en del vill uppleva livet med Gud och en del vill uppleva en dualitet av dem i sina liv. Människor återupprepar sina beteenden när de får ut något av det och erfarenheten bekräftar det. Människor fastnar i vanor de gör utan nästan tänka på det som kan upplevas både som en ond eller god cirkel eller en dualitet av det. Samvetet är Guds närvaro i oss vilket får oss att känna vad som är rätt och fel. Gud upplevs god när han uppenbarar sig att det är en härlig känsla som ger liv till allt. Men Han känns inte god i allt han skapat i världen som förklaras av att människor har varit delaktiga i det genom sin ondska och att det är påverkade negativt av livet i världen. Gud är Gud att han är som han är som vill vara kraftfull och fullkomlig och att människorna ska vara präglade av kraft och det fullkomliga när de upplever sin högsta nivå men inser att Gud är den högsta.

Gud lever sitt eget liv liknande matematiken man kommer i kontakt med bara ibland. Herren är en Gud för allt som inte betyder att han är allt men vakar över allt. Allting är matematik och genomsyrar allt. Man både skapar och upptäcker matematiken och något likande kan man uppleva med Gud. En del har den synen att man kan inte säga något om Gud och det gudomliga att det blir bara negativ teologi och man kan bara uppleva medvetande, närvaro och skönhet och man ska därför bara syssla mycket med meditation som innebär att lyssna på Gud i universum. Men jag tror det blir tro allena med en sådan syn på Gud och man kan uppenbara sanningar om honom som gör att man får en bättre uppfattning om Honom och det gudomliga. Genom gudomliga sanningar kan du förstå hur Gud verkar som speglar hur han tänker. När man finner sanningen och skönheten i livet säger Gud du fann mig. Gud hatar och älskar människor för han ser hur de tänker och ser på andra. De som förnekar Gud i världen förnekar Honom efter döden. Att förneka är starkare än att man skiter i det. Det är som man tror inte på vad man observerar och upplever fast Gud uppenbarar sig som inte är klokt.

Tystnad kan upplevas som frånvaro av något men närvaron av allt. Jag tror man måste följa och tillbe Gud både i mörker och ljus och i mysterium och det uppenbara för att hans existens ska kännas verklig annars har han ingen existens för människan. Man kan säga att mörkret definierar ljuset och mysteriet det uppenbara och man kan uppleva en dualitet och perfekt balans av dem. Att tro på Gud är att inte bry sig om fakta och inse det finns bara tolkningar och kunskaper har lite med upplevda livet att göra men hjälper till ibland praktiskt och i sin förståelse. Att tro på Gud innebär bara att man tror på Honom och upplever han i sina sinnen. Gud är Gud för han är livet i sig själv och människa är människa för hon lever livet genom Gud. Swedenborg. Gud upplevs närvarande och extremt diskret genom ljuset. Väcker man Guds vrede är det kört då man blir helt förhärdad av det eller dör av det. Gud bryr sig om precis allting men har inte bråttom. För allt finns en tid och en dom eller en belöning. Gud straffar och belönar människor redan i världen. Straffet och belöningen motsvarar synden och de goda gärningarna. Alla människor är inte medvetna om det alltid och känner sig inte straffade eller belönade av det och är både tacksamma och otacksamma av det.

Många människor är präglade av ett tänkande där de inte ser och erkänner och söker Gud han inte gillar. Men jag är präglad av ett tänkande och synsätt där jag erkänner Gud ser Gud och söker Gud för att jag upplever en sådan hög och behaglig nivå av det där jag förstår mer och väcks av beundran av Gud där jag ser skönhet i mycket på ett annat sätt. Det är sätt arbeta med tänkandet sina sinnen och förståelsen av allt man bättras och kommer närmare Gud av som har ett oändligt djup i sig i sin vishet och kärlek. Att erkänna och uppleva Gud som jag innebär att bara vara översinnlig där man ibland upplever det supernaturliga för Gud är översinnlig och är supernaturlig. Det översinnliga genomlevs lite starkare bara som själva ljuset då det upplevs man verkligen upplever och ser Gud.

Man kan uppleva Gud och historien där han finns med mycket som en myt. En myt är en berättelse som kan förklara varför världen ser ut som den gör och hur människorna upplever världen. Myten utspelar sig ofta för länge sedan. I en myt finns ofta gudar, gudinnor, hjältar och övernaturliga krafter med. Historien om Gud som diskuterar Gud i olika religioner är en bok skriven av en kvinna som levde en period som nunna i ett kloster men hon fann inte Gud i det livet och tappa sin tro på Gud av det men skrev en bok om det i stället. Swedenborg tar avstånd från munk, nunna och asketlivet en del buddhister sysslar med och förespråkar ett härligt liv med en perfekt balans av ont och gott i stället Den helige Graal har tolkats vara Jesus och Maria Magdalenas förening med varandra i den moderna världen. De sägs att Jesus och

Maria Magdalena delade samma utanförskap med världen. Genom att stå över allting och uppleva ett utanförskap kan man uppleva både fullkomlighet och en begränsning och gränslöshet av det. Men bäst är när man upplever att man förhärligas av det innersta och pånyttföds i det yttre av det. Det präglas, fysisk genomstrålning och uppenbarelse av Ordets inre och högsta nivå och kraft.

Mycket oförnuft bor i människor av flera orsaker. En är att det går alla lika till slut oavsett om man är ond eller god att man får ingen lön för sin rättfärdighet i världen. En annan är att inte ondskan straffas inte direkt i världen när den förtjänar det att den får härja fritt och att den får sitt straff ofta först efter sin död. En del menar att Gud är även ond och orättvis och kan agera som en psykopat ibland. Detta karaktärsdrag speglas även mycket i människan som en avbild av Guds väsen. Men de i himlen säger att det är hårda och kränkande ord om Gud, men jag tror många människor kan uppleva så om Honom i världen när de upplever grymhet och kyla från hans sida. Det baseras en del på vad som står i de tio budorden att han straffar människor i tre efterkommande generationer när han blir hatad i världen. Detta kan man tolka vara ett psykopatiskt drag hos Gud därför att han drabbar oskyldiga. Jag upplever Gud både ond och god som kan vara både väldigt snäll och elak och jag har fått det bekräftat vad han gjort och inte gjort i mitt liv och sagt till mig. Gud testar människor som framgår i Bibeln som verkar vara orimliga krav för att se om de litar på Honom en del inte förstår logiken i men det handlar väl om att bilda förbund med Gud man vinner mycket på i efterhand.

En bekant menar Gud är ond om han är allvetande och allsmäktig som är en felaktig syn på det. Swedenborg menar att han är allvetande för att han är visheten och menar att han är allsmäktig men inte utan människan. Men en del menar att Gud kan inte vara allsmäktig att han kan göra precis vad som helst och kan inte veta allt om framtiden för då skulle människan inte ha en fri vilja. De ser Han endast som en härskare och bekämpare av ondska. Buddhister kan inte acceptera en skapare i världen för att de ser så stora orättvisor i det. Min uppfattning är att Gud skapar men det sker genom avlandet men att det finns möjlighet att omskapas och avlas på nytt. Att Gud är orättvis visar bara på att han är mänsklig. Hellre en mänsklig Gud än en omänsklig Gud. De säger att Gud älskar olikheter som gör livet intressant och har förmåga att göra allt vackert för de som ser Gud i livet. Det rätta det sanna det sköna hör evigheten till och vittnar om den eviga källan. Jag upplever bara skönhet i det som genomlevs intressant och jag finner kärlek till. Jag upplever mycket skönhet med Swedenborgs religion som är otroligt vacker inspirerad av det gudomliga som baseras mycket på drömmar. För mig är den sanna religionen den vackraste religionen.

De säger att man måste utgå från att Gud är god annars får man problem om man anser att han är ond och orättvis. Människan är orsak till alla orättvisor i världen som är delaktiga i allt. Denna sanning är viktig att känna till och beskyddar gudomen. Swedenborg talar inte så mycket om orättvisor i världen men menar att den gudomliga försynen brukar göra allt till det bästa och alla har förmåga att alla blir lyckliga till slut. Att älska Gud är att förstå Honom och acceptera att han är orättvis i världen och försöka se det på rätt sätt även om det kan vara svårt. Alla får något av Gud och har möjlighet att ärva Gudsrike. Hellre ett orättvist liv som baseras på erkännande och förståelse och är därför ett bättre liv än ett rättvist liv baserat på förnekande och bristande förståelse som är ett sämre liv. Genom platonska upplevelser kan allt upplevas rättvist och fullkomligt. Att älta och bry sig om för mycket fel och brister i livet kan jämföras att bry sig om fel och brister för mycket när man spelar schack som går utöver sin förmåga att skapa nytt och uppleva nya upplevelser av det. Man kan lära sig av brister och fel till en viss gräns men måste gå vidare i livet och i schacket för att inte gå under av dem i en bitterhet.

En del upplever ondskan skön och godheten oskön och en del upplever godheten skön och ondskan oskön. Man vet inte vad ondska är men kommer fram till att det är bara frånvaron av det goda med våld och man kan uppleva en perfekt balans av ont och gott fri från våld. Synd är En del tycker erfarenheten i livet är godheten och det oskyldiga och oerfarna är det onda och det upplever tvärtom och båda kan vara positiva och goda. Okunnighet och erfarenhet kan vara både en rot till det onda och goda att det känns både skyldigt och oskyldigt. Att bryta mot Guds lagar som gör alla till syndare. Synd ses ibland som bara idioti som innebär att tänka fel och handla fel. Allt kan upplevas himmelskt som betyder att positiva kommer fram i det och man upplever det som Gud. Det finns mycket frihet i Guds lagar som syftar att leva och göra allt på rätt sätt man kan uppleva variation i. Jesus säger att lagen ska vara skriven i hjärtat som innebär mycket frihet och liv om man är samtidigt rättfärdig i det.

Jag tycker Swedenborgs Gud verkar god och han upplevde han så som speglas i hans idéer och budskap om Gud. Gud kanske förnyar sig till en föränderlig värld men Swedenborg menar att Gud är densamme från evighet till evighet. Jag älskar Gud för att jag älskar visheten och når höjder med den ibland med min egen vishet som kommer från visdomens källa. Jag tror många insett genom mig att en profet varit mitt ibland dem som byggt Herrens hus på jorden som legat i ruiner. Nobelpristagaren i litteratur Jon Fosse tror på en svag Gud som är god. Att Gud är orättvis kanske bara visar på att han är mänsklig och inte är allsmäktig. Att säga att Gud är en ond orättvis fullblodspsykopat är hårda ord som låter som en form av hädelse men är inte hädelse mot anden även man kan uppleva en obehaglig kyla från Gud att säga så om honom. Men den som säger något mot Fadern kan få förlåtelse. Det finns värre hädelser än så mot Honom som förekommit bland människor. Gud säger till mig kalla mig inte för det och samtidigt vad har jag gjort. Han är ledsen ofta hur illa jag blivit behandlad i livet och att jag ibland på grund av det vänder min ilska och hat mot Honom och människor som drabbat mig. Men han är glad att jag övervunnit det och funnit mig själv igen där min undervisning gläder Honom att jag gör ett stort arbete för Gud. En del menar att det finns en vrede och mörker i Gud även om man kan uppleva mycket godhet och ljus från Honom. Mitt intryck är att Gud är bestämd kan upplevas både kall och varm grym och stor i nåd och både hård och skön närvarande och frånvarande. Jag tror både Gud hatar och älskar människor och de älskar och hatar Gud i sin tur. Men hat kan vändas till kärlek och tvärtom. Både Gud och människan blir hellre hatade om de inte blir älskade för då bryr man sig men värst är likgiltighet och att man blir förnekad. Jag tror människan vill uppleva en dualitet mellan Gud och djävulen i en himmelsk form än att bara uppleva Gud eller bara uppleva djävulen. Swedenborg är inne på detta att detta präglar Gudsrike och även satanister kan ha en likande uppfattning. Swedenborg tror inte djävulen som en person men erkänner helvetet och menar att all ondska och godhet kommer från människan.

Det är människornas plikt att inse att de kan inte veta allt och att de ska leva väl. Gud har sagt att jag kommer alltid få styra hans rike i himlen för jag är bäst lämpad för det även om jag blir förkastad i världen. Lasse Häger säger att det är många som gillar mig för de upplever den sanne Kristus genom mig och det jag skriver. Kyrkans Jesus framstår som en antikrist för mig bland hycklare som sysslar mycket med en idol och avgudadyrkan av Honom. Jag har aldrig upplevt paradiset ibland dem kanske för att det står så lite om det i Bibeln men mer i Swedenborgs skrifter. De söker sanningen och rättfärdigheten mycket bara i de heliga skrifterna men finner och uppnår den inte. Jag gillar bra hedningar som är fördomsfria och villiga att lyssna på mig än trångsynta och stolta kristna som inte erkänner och förstår allt och reagerar otrevligt på det. Den bibliske Jesus upplevde inga kristna bara hedningar och judar. De frireligiösas gudstjänster och predikningar upplevs ofta som gammal skåpmat från Bibeln och genomlevs fånigt och ointellektuellt i ett mässande. De sysslar med en idoldyrkan och avgudadyrkan av Jesus som bryter mot det första budet när de gör han till Gud, men uppskattar han inte för sitt messianska mästrande som finns mycket i det jag skriver.

Bibelns Jesus framstår bestämd men stor i nåd. Han är enkel och kraftfull men ger ett opersonligt och tråkigt intryck att han tar avstånd från all ondska som hindrar honom att uppleva en perfekt balans av ont och gott som är en av Swedenborgs idéer. Jesus djupa vishet visade sig mycket i mötet med andra människor och han var ett geni på att tala i liknelser. Den upplevda tiden som leder till mästrande är beroende av vår intensitet och fokus som det var för Jesus. Jag ser hans undervisning som grunden för allt som handlar mycket om hur man behandlar sina medmänniskor och att man ska älska och be till Gud och söka hans rike och rättfärdighet. De säger att Det är omöjligt att återskapa skaparen. Det betyder att filosofiska system och läror över livet är heltäckande och sanna bara för deras grundare som förstår dem bäst på djupet. Så tänker jag och förhåller mig till alla läror och filosofiska system och även Jesus undervisning i Bibeln för kunna uppleva livet på bästa sätt i världen och i mina drömmar om paradiset. Människan har en passion för att hålla allt enkelt i en komplexitet som upplevs genialisk i sina förklaringar att det upplevs mest innehållsrikt och fullkomligt av det. Detta präglade även Jesus som vishetslärare.

Gnosticismen som menar att allt materiellt är till ondo men förkastades för man insåg problematiken med en rent andlig värld jag försöker göra framsteg i och låta mer rimlig. Gnosticismen som var en lära som utvecklades cirka 100 efter Kristus i Egypten menar att den gammaltestamentliga skaparguden kan upplevas både fullkomlig och ofullkomlig i sitt skapande och kan vara ond och orättvis i det. De menar att också att det finns en okänd högre Gud Jesus tillhör som han bara ser och försöker uppenbara som kan få allt och framstå fullkomligt i en andlig värld. Jag tror det är samma Gud hela tiden som framstår både fullkomlig och ofullkomlig som har en enorm förmåga man vet lite om han uppenbarar väldigt sällan i världen.

Guds godhet och vrede

Att bara vara mot ondskan gör dig inte god som att vara bara vara mot godheten gör dig inte ond. Man blir bara god om man uppnår en perfekt balans av dem och göra det goda. Man kan uppleva att många problem är inte isolerade att de är relaterade till andra problem. Ondskan är ett *problem på det sättet. Jag tror många människor gillar inte Gud för de upplever han ond och orättvis i världen och Gud upplever likadant med människan. Jag tror människor har olika upplevelser av Gud i sina liv. Jag har blandade upplevelser och känslor inför Honom. Gud är beroende av mig att jag är en viktig person för Honom men att Gud känner sig lite fallen som även jag gör. Det finns två fenomen som definierar dig som människa tålamod när du har ingenting och din attityd när du har allting. Tid och tålamod är en Guds krigares bästa egenskaper som ser Guds plan och arbetar för den. Djävulens strävan som blev hans fall speglas i många människor att de vill byta Herren mot sig själva och vara sin egen Herre och gärna stå i centrum ofta och få mycket uppmärksamhet. Men de är bara människor men Herren är en Gud och i hans sällskap kan man upplevas stor som människor ofta inte förstår. De som lever bra liv och ser bra ut brukar inte bry sig om Gud att de känner att de behöver han i sina liv utan de brukar vara de som inte lever bra liv och inte ser bra ut som känner de behöver Gud och drömmer om ett bättre liv och sitt eget självförverkligande. Men ibland kan det vara tvärtom att en del upptäcker Gud genom tacksamheten att de lever bra liv och ser bra ut. Gud skulle kunna uppenbara sig mer och svara på deras böner för människor att de skulle nog uppskatta det men jag vet inte varför han inte gör det mer i världen men de är kanske långt borta från honom i sina hjärtan. Jag har upplevt otroliga förmågor och sidor hos Herren genom uppenbarelser att uppenbara från det innersta och upplevelsen av livet.*

Gud kan verka god och imponera något enormt när han uppenbarar sig från det innersta till det yttre. Gud imponerar även i allt han skapat även om allt inte är vackert hos människorna. Gud har en långsiktig

plan hur allt ska bli så bra som möjligt som är svårt att förstå för
människan. Man ska inte avundas vackra och rika syndare vars
framgång är kort i världen. Man kan avundas rika, framgångsrika och
vackra människor i Hollywood och tro de är lyckliga och lever det bästa
livet men det är inte alltid så. Ofta är de olyckliga och upplever bara
tomhet om de inte upplever Gud och funnit Honom i livet.

Lars William Larsen har sagt att om Gud är orättvis är det inte han som
är Gud jag tolkar att han fortfarande är en Gud men upplevs fallen och
blir inte erkänd som det. En bekant som är väldigt intelligent tycker
Gud är orättvis och ond men man är mycket hård mot Gud om man ser
på det sättet. Det inre livet är det verkliga livet och livet kan upplevas
härligt om man lever ett bra liv även om inte kroppen är vacker. Jag
tror på att lära sig uppleva gudomlig skönhet genom djup kärlek och
djup vishet och genom musik och skönt tänkande och himmelsk lycka
som innebär att man uppskattar och erfar andras lycka lika mycket som
sin egen lycka. Genom att skapa andras lycka skapar man sin egen
lycka.

Man måste utgå från att Gud är god för han är god annars får man
problem i sitt eget liv eftersom man är alltid beroende Gud i livet. Jag
tror inte Gud är allvetande för han bildar förbund med människor som
han inte vill att de ska bryta som han inte kan förutse eftersom vi har en
fri vilja. Det jag kommit underfund med är att varken människan eller
Gud är fullkomligt rättvisa, det ligger inte i deras natur att vara det.
Man måste förstå det som gör det lättare att acceptera mycket i livet.
Perfektion kan uppnås till stor del genom att acceptera att man inte är
perfekt men älska sig själv ändå. Att något är verkligt är viktigare än att
det är perfekt men för att något ska upplevas perfekt måste det vara

verkligt men inte vara perfekt. Det perfekta uppstår av en oändlig variation vilket ger upphov till bättre upplevelser av olikheter då allt blir intressantare och vackrare av det. Man kan se det perfekta i det som inte är perfekt i allt Gud skapat. Viktigast är kärleken och vara kärleksfull mot andra som är min tolkning av Jesus huvudbudskap med sin undervisning som leder till förståelse och härligt upplevt liv för alla. Kärleken övervinner och förvandlar allt i förening med upplevelsen av kraften från visheten och Ordet.

Tro och Meditation

I ensamhet blir man antingen deprimerad eller upplyst. Inget är mer farligt en ensamhet då man ofta tänker på hur man blivit drabbad i livet. Vrede hos en god man med ett gott hjärta kan förgöra honom. Vrede dödar visheten hos en människa. Men inget är mer tillfredsställande om man känner sig fri från det och tänker goda tankar som det uppstår geniala idéer från ensamhetens tankar. Meditation är inte alla som sysslar med och är underskattat. Det är att söka det nya och avlägsna det negativa av det tidigare i sitt tänkande. Målet med meditation är att upptäcka verkligheten och bli mer harmonisk i sina sinnen och inte hamna i ett hypnotiskt tillstånd i den. Meditation är inte en flykt men början på en spännande värld då du börjar se allt på ett heligt sätt som höjer allt och inträda Guds värld utan att han uppenbarar sig. Himlen är en evig lycksalighet. Meditation kan fungera som ett uppvaknande för att uppleva salighet. Att erfara ett uppvaknande betyder inte att du vet allt eller medveten om allt som sker i världen utan medveten om dig själv förstår dig själv och andra mycket *bättre och upplever ett högre medvetande där du känner dig mer syndfri och pånyttfödd. Så länge man upplever en själ upplever man mystik i allt mystiken försvinner med själen att den dör. Känt är att meditation anses vara att lyssna på Gud och känna hans närvaro. Att läsa och lyssna på musik kan fungera på ett liknande sätt. Att göra allt med djup koncentration är en slags meditation. Tänkandet upplevs ofta vara präglat av galenskap och man kan bara ifrån det och blir bättre genom att syssla med meditation. När orden misslyckas talar musiken och när musiken misslyckas talar orden och man uppleva att båda lyckas tillsammans då det upplevs som bäst. Det verkliga är ovanligt och lever enkelt och sofistikerat i fattigdom och det falska är vanligt och är motsatsen till det som är ytligt och lever materiellt i rikedom. Jag tror att ondska och godhet är fenomen som endast finns i den subjektiva verkligheten, vilken är relativ andras verklighetsuppfattning. Precis som att jaget är under ständig förändring kan definitionen för vad som är gott låtas bero på bara situationen. Tro kan både innebära att inte vilja veta vad som är sant och vilja det att sanningen är bara upplevelsen av kärleken och visheten och själva livet och all annan sanning är ointressant.*

Människans intelligens

Wolfgang Goethe säger något i den stilen om jag skulle lära känna mig själv för bra och uppleva mig själv som andra upplever mig skulle jag fly. En del tycker det är skamfullt att höra sig själv prata i radion och i TV. Det är alla mot alla där många upplevs inte vara någonting som främlingar man har bara en sak gemensamt med. Alla lever olika och lika och egna och gemensamma liv. Det är det goda livet vi möter som gör livet värt att leva. Men en del upplever det inte så ofta i världen men i himlen är det väldigt vanligt. Största lyckan finns i ditt hem om du finner frid i den och känner du har allt du behöver och har kontakt med den övriga världen och ser dig själv i speglar ibland om du gillar din spegelbild och känner du når det gudomliga av det. Ju mindre man känner en person desto mer sällskap upplever man med den personen. Ju mer man känner någon desto ensammare känner man sig med den personen, men det kan upplevas tvärtom. Man har kanske sin bästa vän även i himlen men jag tror man har många av dem där mer än i världen.

Man kan säga att vishet och intelligens utgör människan att det är vi hur vi förstår. Det betyder eftersom visheten och intelligensen är både lika och olika hos människor och innebär att de förstår lika och olika och ingen förstår allt. Ofta vill människor bara förstå det de är gynnade av och försöka vara något i världen bara. Många anstränger sig inte att förstå mer. Människor vill inte höra sanningar som förstör deras illusioner vilket upplevs som deras verklighet och bild av världen. Extrem intelligens präglas av att vara fria illusioner och vara bara vara färgad av visioner som uppstår av upplysning. Att inse att man vet och förstår bara lite kan jämföras vara upptäcktsresande och ger en bättre upplevelse av livet och syn på världen och man förstår mer av det.

De flesta människor är enkla med en normalintelligens som lever normala liv. Komplexa människor med hög intelligens som lever udda liv är ovanligare. Gud är nog otroligt intelligent och gillar människor som betraktas överintelligenta. De sägs att Gud begår inte misstag på den människor begår misstag. Den som inte begår misstag prövar aldrig något nytt för misstag är oundvikliga för att lära sig nya saker. Det sanna tecknet på hög intelligens är fantasi och föreställningsförmåga och inte kunskaper. IQ har man nytta av främst att förstå och tillägna sig bara kunskaper som erfaras vara bekant med något som har lite med det upplevda livet göra och är värdelösa om de inte har någon praktisk nytta. Det är bättre att vara mindre intelligent och uppleva mycket mer än tvärtom. Att aldrig försöka hindrar ens kreativitet och att lära sig och utvecklas. Det är genom att man lär sig av alla misstag som blir duktig på allt att man måste pröva sig fram med allt med hjälp av kunskap. Den som arbetar ständigt på sin bättring inom ett område brukar bli nästan fullkomlig på det till slut. Swedenborg säger att man bli intelligentare om man lever i det himmelska och påverkas av andligt ljus om man erkänner det väsendet i livet. Intelligens ökar inte bara av bildning men när man finner harmoni mellan intellektet och känslorna och uttrycker sig på rätt sätt ger man ett intelligentare intryck. Man blir bättre på att orientera sig i situationer och lösa uppkommande problem av det.

Psykopati som en liten egenskap i varje människa

August Strindberg tyckte synd om människorna genom sin okunnighet och fattigdom men försökte trösta dem med sina böcker. En del tror människorna är dömda om de inte upplever Jesus på rätt sätt som Herren som den bästa vishetsläraren och frälsaren som ger upphov till den bästa ordningen, upplevelsen av kraften och skönheten av Ordet och himlarna. Men muslimerna känner sig inte dömda av det inför Gud och ser Jesus bara som en stor profet vilket är mer rimligt egentligen.

Psykopati innebär en bristande empati och förståelse där man ofta sätter sig i centrum i olika sammanhang och tänker bara på sig själv. Man har svårt att lyssna på andra och för fram bara sina egna idéer och uppfattningar om allt. En överdriven besatthet av något innebär att lida av psykopati. Att för lite kärlek och förståelse och omsorg från samhället och människor kan leda till att man betraktas som en psykopat. Jag vet inte hur Gud ser på psykopater men jag tror Han har sin glädje i psykopati ibland om det utförs och upplevs på rätt sätt som han själv upplever det. Antisocial personlighet kan vara bara antibullshit personlighet. De älskar ofta bara sig själva som är bättre än att inte älska något eller någon. Genom snällhet finner man ofta en vän. De som inte kan kommunicera väl tror allt man säger är ett argument när det bara en ventilering. Värst är mentala barbarer som mobbare vilket har grymt hjärtelag vilket svarar ofta med hårda och kränkande ord. Jag tror psykopati är en liten eller stor egenskap i varje människa som är egenkär och tänker mycket bara på sig själv och är hänsynslös vilket ger sig i olika uttryck. Det kan upplevas som stor frustration att känna sig som ett missförstått geni och uppleva mycket idioti och hån det finns inget försvar mot. Det kan bli så när man känner sig föraktad av var själ och man är inte som alla andra att man börjar förakta alla av det. Jag tycker bara om de människor som inte föraktar och inte bråkar med mig men de som bråkat med mig i mitt liv de har jag svårt för. Genom att skita i allt och alla löser man allt samtidigt löser man ingenting. Men det är ett intressant begrepp och inställning till allt och alla jag skrivit mycket om. Jag ser det som en form av nihilism att man tror på ingenting för stort och följer bara sin lust och lever och bejakar livet bara som det är där en Gud och religion inte hindrar en i det. Det är en psykopatisk upplevelse av det gudomliga när man lär känna sig själv och inser man är en psykopat man inte kan klandras för. Jag skiter inte i allt och alla men i det mesta och flesta och inte i mig själv och ibland tvärtom. Människor är människor och tänker som människor men jag är annorlunda att jag är både en människa och tänker mer som en Gud man kan se som en halvgud. Jag är som en örn och en räv vilket tänker höga tankar och är listig som lever ett liv vilket leder åt ett annat håll i livet att det leder helt enkelt till himlen för mig.

Schizofreni

Diagnosen schizofreni försvinner inte med medicin och inte utan medicin men del klarar sig utan medicin som har stora fördelar då man blir mer själslig och slipper alla biverkningar. Det finns en form av högfungerande autism och schizofreni då man upplevs väldigt speciell och de brukar vara extremt intelligenta. Till den schizofrent psykotiske: Tänk positivt och optimistiskt i alla lägen så ordnar sig allting per automatik! Seså upp med hakan och var glad! Schizofreni kan vara både en tillgång och en nackdel det betyder bara att man upplever allt lite annorlunda mer som Gud i många lägen om man känner sig frisk i sjukdomen. Intelligent högfungerande schizofreni präglas av en dubbelhet som inte behöver betyda en splittring utan bara en djupare förståelse av allt. Det finns två sidor av allt och sanna ord brukar vara paradoxala. Allt verkar i en dualitet.

Tvillingsjälar och själsfränder

Idén om tvillingsjälar finns redan i Platons lära men är mest känd genom Swedenborg. Swedenborg trodde på tvillingsjälar som de bästa älskande paren i himlen som upplever kärleken främst genom sina själar som upplevs som en själ för dem som är källan till livet och *upplevelsen av allt där man kan uppleva allt positivt av det. Han menar att alla har minst en tvillingsjäl de är skapade för och kan ha flera av dem. Jag tror med en tvillingsjäl om man inser att någon är det för en är man antingen väldigt intresserad av den personen eller helt ointresserad att man är för lika varandra och kan upplevas som två fall av dåliga erfarenheter där de blivit förrådda. Jag tror man kan vara mycket lika men samtidigt väldigt olika av skilda formningar av livet. Själsfränder har du många av och du har ett lugnare förhållande med dem som har en förmåga att lyfta varandra. En tvillingsjäl är som spegel av sig själv och är din andra halva hälft av motsatt kön. En tvillingsjäl är som en upphöjd själsfrände där karman mellan varandra starkare eftersom man tillhör samma själ. En tvillingsjäl är ofta någon som är född under samma tidsperiod som har kommit lika långt livet i vishet och förståelse. Ibland blir du förälskad i din tvillingsjäl men oftast upplevs det som bara ett syskonbarn som har liknande erfarenheter i livet på det mentala planet. Oftast ska man välja en bra själsfrände i stället som sin partner som vet allt om dig och förstår dig och ser dina fel och brister och älskar dig för dem. Det kan vara fantastiskt att leva med rätt själsfrände men det kan vara jobbigt också att man accepterar inte varandra på alla nivåer. En del själsfränder och tvillingsjälar finner varandra i ungdomen och en del senare i livet på ålderdomshemmet eller så sent som i himlen.*

Reflektioner kring män och kvinnor

Många män älskar Gud för alla snygga och vackra kvinnor han skapat och många kvinnor älskar Gud för alla snygga killar och vackra män han skapat. En föreställning jag hört om helvetet är att det är en plats med vackra elaka kvinnor som är flata och ointresserade av kärlek och sex. Swedenborg älskade vackra kvinnor och säger att könsorganen motsvarar himlens innersta samfund som är enlighet med hans uppfattning att kärleken och det sexuella mellan män och kvinnor är den dyrbaraste skatten i livet som kännetecknade det första paradiset och vad Adam och Eva upplevde med varandra och alla drömmer om att uppleva.

Människor ser världen efter vad som finns i deras hjärta. Ett tungt hjärta som varit med om rikligen i livet har förmåga att se skönhet i mycket. Ett hjärta som kan anpassa sig och inte kan bli krossat är välsignat och ett starkt hjärta men inget hårt hjärta och kan vara ett hjärta av guld då man är en mycket god människa. Swedenborg är känd för att anse att kärleken mellan man och kvinna är den dyrbaraste skatten i livet. Swedenborg har rätt men livet är orättvist att många har svårt att uppleva det genom sina begränsningar. Men alla kan uppleva lyckan i gemenskapen med varandra. Men min iakttagelse i världen är att både fula och vackra människor finner någon eller blir ensamma för att kärleken och den sexuella attraktionen är så komplex bland dem och de attraheras mycket av tänkandet och sin förmåga för det praktiska och att förstå. Det som räknas i livet är hur bra du går genom elden och upplever det spirituella i det i andan att kärleken är en spirituell eld för den som upplever den som är fylld med lust, passion och begär. Renheten är otroligt viktig både i form av vara ren från ondska och rent hygieniskt. Men inget är totalt rent eller fullkomligt och alltid relativt upplevt. Lite skit och slagg i språket gör en riktig man och vitnar om hårdhet att tolerera och bli accepterad för det. Social förmåga och ge respons är mycket viktigt för att bilda en relation med någon. Aktivitet är grunden för all framgång och att man arbetar på det. En del gillar och dras till varandra och lär sig acceptera och tycka om varandra fast de inte är så vackra men de ser något i varandra de gillar mycket. Genom detta fenomen hos människor finns det nästan en för alla i både världen och i himlen. En människa blir attraktivare genom mer erfarenhet av goda relationer och mindre attraktiv av dåliga relationer. Man utvecklas mycket som människa av sociala kärleksrelationer med andra människor. En väldigt oerfaren person är lika oattraktiv i mångas ögon om de inte ser något väldigt speciellt i den människan som en lösaktig människa. Men för en kille kan det vara en merit att vara väldigt sexuellt erfaren men för en kvinna kan hon bli stämplad som en hora av det som har låg status.

Romantiken sägs vara livets hjärta. Romantiken baseras på höga ideal och låga ideal. Romantiker är slags rebeller som idealister och visionärer som drömmer om något stort. De säger min religion påminner om platonsk romantisk där man förenar både erotik och kärlek med skönhet och upphöjda upplevelser och fullkomligheter. För att tro på det gäller det att bli upplyst då allt blir en välsignelse i stället för en förbannelse. Det finns en lägre och högre romantik. Den lägre romantiken präglas främst av känslor och den högre romantiken förenas den mycket med förnuftet. Ett väsentligt väsen av romantik är osäkerhet som gör det romantiskt och en form av heroism där allt påverkar men du kan inte förutse hur eller vad som kommer att hända att det är komplext där timing är viktigt. Det himmelska äktenskapet är en platonsk ide men måste även bli konkret verklighet och anpassa sig till verkligheten. Platonska idéer är gränsidéer man inte når oftast bara ibland som är upplevelser av det fullkomliga som är nästan perfekt men upplevs fullkomligt och handlar om upplevelsen av den sanna verkligheten som är en form av idealvärld med idealmänniskor som upplever allt på rätt sätt på sitt eget sätt. Jesus idé om att leva som änglar tillsammans är en genialisk idé om man tolkar och förstår det på rätt sätt och präglas av en väldigt hög nivå. Änglar är slags övermänniskor vilket arbetar och är ödmjuka inför Herren. De lever kravlöst och fritt med varandra och ibland som älskande par.

Män och kvinnor jämför sig inte med varandra som män och män och kvinnor och kvinnor men älskar varandra som lika och olika kön man inte kan se dem som en generell enhet. En del kvinnor har man mer gemensamt med än en del män och en del kvinnor har man mer gemensamt med än en del män. Jag tror män och kvinnor älskar varandra som olika kön och alltid vill uppleva så om de kommer till paradiset. Mitt intryck är att män och kvinnor finner varandra på många olika nivåer och plan både sexuellt och intellektuellt i världen och det är likadant i himlen och det blir lyckliga av det. Genom språket och det yttre kan man upplevas både attraktiv och oattraktiv för andra människor. En del kvinnor kan tycka jag är snygg och har vackra ögon men jag är inte den alla vill ha bland dem Jag upplever samma med de kvinnor jag gillar mycket vilket inte är de populäraste bland killar. Om bara få gillar en mycket kan man känna sig ovanlig och ovanligt snygg inför dem och så upplever jag med ovanliga kvinnor jag gillar att de är ovanligt snygga. De snyggaste kvinnorna är inte de perfekta men de speciella och sexiga. Jag tror jag upplevs ful för jag ser lite osymmetrisk ut men skulle vara väldigt snygg om jag såg symmetrisk ut i min skönaste ungdomliga form som är en dröm för mig att uppleva i himlen. Det har med Guds långsiktiga plan att göra för att livet ska upplevas som bäst för mig där och han har en sådan en plan för alla.

Genom symmetri kan alla upplevas snygga i olika grad i himlen. Symmetri kan ge upphov till en perfekt helhet om det uppenbaras på rätt sätt genom stor variation där helheten blir bättre av att variationen blir större. De säger att man blir vackrare och lyckligare och variationen ökar ju närmare man förbinds Herren att skönheten då strålar inifrån ansiktet och ut från livsglädjen. Man upplever olikheter starkare och att andarna har en större förmåga att forma utseende och form på ett väldigt positivt sätt. Man upplever allt i himlen mycket genom musiken som har en förmåga att förvandla allt som upplevelsen av kärlek då allt samtidigt upplevs verkligare.

Goda upplysta kvinnor är ett slags ljus för Gud. Kvinna betyder liv och livet genom Eva. Ett himmelskt äktenskap lockar i himlen men den man verkligen vill ha. Men äktenskap kan upplevas som en underbar institution men vill leva bara i en institution. Men jag tror ett himmelskt äktenskap upplevs mycket friare och lyckligare än ett äktenskap i världen. Att agera utifrån kärlek är att agera i frihet. Kärleken kräver friheten som väcker begär. Swedenborgs idé med de himmelska äktenskapen är att de präglas av att man är väldigt förälskade i varandra där förälskelsen inte tar slut. Swedenborg menar att Gud älskar sådana par som ibland finner varandra och förekommer i himlen.

 En del ställer höga krav och är kräsna och en del ställer låga krav och är inte kräsna. Mindre attraktiva människor finner varandra attraktiva på något sätt av allt som påverkar positivt med dem och upplevelsen av livet. Att människor gillar dig och du gillar dem baseras mycket på sexuell attraktion och de tycker om dig och man ser och upplever något i den personen man tycker är spännande och känns som en inspiration.

Det är viktigt att välja rätt partner, om du väljer en blygsam partner måste du acceptera att det är upp till dig. När man är med en djärv partner behöver man acceptera att hen är oberoende i sina egna åsikter. De som väljer en vacker partner måste erkänna att avundsjuka måste styras. Är man med en stark partner är det värt att acceptera att de är mjuka och sköra vid första anblick, men solida som stål. Om du väljer en känslomässig, osäker partner behöver du ta steg för att få han och henne att känna sig trygga och älskade. Ingen är perfekt och borde inte vara det. Alla har sin egen personlighet och värderingar som definierar vilka de är och gör dem speciella! Jag definierar inte skönheten med i vanliga fall människor att det upplevs opersonligt, neutralt som ger ett normalt intryck. Jag upplever i stället främst platonsk skönhet och skönhet med en människa bara när jag är kär och känner mig inspirerad. Skönhet är bara där man finner den. Upplevd skönhet blir ofta ett uppvaknande för själen. Ofta upplever man skönhet av livsglädjen. Utan ljuset från Gud går det inte uppleva någon skönhet. Men jag tror Gud älskar älskande par att han upplever himmelriket genom dem i en dualitet med kärleken med bara sitt folk där man känner sig både som singel och man hör ihop med någon. Älskande par brukar ha samma tänkande är lyckligast för de bekräftar varandra hela tiden och för att de upplever inte bara kärlek utan även vänskap och humor i relationen. Skönheten man ser i andra människor är ofta något man ser och reflekterar i sig själv. Därför är det vanligt att par ofta liknar varandra på olika sätt. Du kan inte alltid vara en hjälte men du kan alltid vara en gentleman. En bra kille kommer tycka en tjej är snygg och en gentleman kan få henne att tro på det och känna det genom uppvaktning, de rätta orden och blickarna. En vacker kvinna är aldrig vacker utan vett, rätt tankesätt och personlighet med ett vackert

*språkbruk som ger ett intressant intryck som kan göra en kvinna med
normalt utseende vacker. En snygg gentleman attraherar många
kvinnor men har mest ögonen på sin favoritkvinna. En gentleman och
kvinnokarl kommer ihåg att han upplevdes sexig av det rätta sättet och
rätt kläder. Roger Moore känd som att ha spelat James Bond kallades
den sista gentlemannen. I världseliten i schack betraktade många den
svenska stormästaren Ulf Andersson för den enda gentlemannen i den
världen. Hur en gentleman behandlar sin moder speglar hur han
behandlar kvinnor.*

*Swedenborg ville inte extrem yttre skönhet för det är inte möjligt med
alla men djup vishet är möjlig för alla där man upplevs intressant och
därför är kärlek mellan alla människor möjlig som älskande par.
Möjligt är att få tillbaka sin ungdom och inta sin skönaste form men
ändå att man kommer känna igen sig annars upplevs det främmande för
en. Däremot kropparna kan bli extremt fina hos varje människa i
himlen. Det finns skönhet både på ytan och i det otroliga djupet och
ibland inte utan dem båda. En hot sexig kvinna klär sig ofta svart läder
och är lite galen som kärleken. Kärlekens kraft och natur gör att alla
kan uppleva och finna någon genom den. Änglar som är slags
människor har en tendens att se och uppskatta allt annat högre än bara
skönheten med sig själva och andra. Kärlek och vishet präglar de som
människor och bildar deras liv som innebär att de förstår mycket av det
och lever intressanta liv genom varandra. Man kan säga att de är
kärleken och visheten förkroppsligade som innebär att kärleken och
visheten genomsyrar deras andliga och fysiska kroppar. Ett speciellt
attraktivt gudomligt tänkande hjälper dig att ibland bli förälskade i
ordinära människor till det yttre som är vanliga men kan vara väldigt*

speciella man upptäcker av det tänkandet. Jag är intresserad av
tankesätt hur du ser ut är inte tillräckligt för mig men om du har
tankesätt som attraherar och ger mig mycket utbyte kan jag gilla dig.
Rätt tankesätt är det som skiljer de bästa från resten. Tankesätt är allt i
ett avseende. Ändra dina tankesätt och du ändrar en stor del av
upplevelsen av livet.

Det är svårt för många människor i världen att finna lycka i sig själva
men samtidigt går det inte finna den någon annanstans. Men i himlen
finner man den lyckan i sig själv genom att bli den man älskar. Man kan
uppleva sig perfekt om man känner sig verklig fast det går att förbättra
mycket. Det kan erfaras perfekt skapat av Gud i ett avseende när det
inte går att förbättra och ofullkomligt av Honom när det går att
förbättra. Det är bättre att vara verklig men inte perfekt än vara perfekt
men inte verklig. Men för att något ska vara perfekt måste det vara
verkligt. Det perfekta är högst subjektivt upplevt hos människor. Jag
upplever i världen att det är lika viktigt att vara andligt snygg och
proper som att ha yttre skönhet för upplevas riktigt snygg. Skönheten
kommer lika mycket inifrån som av det yttre och den inre skönheten är
viktigare. De säger att män blir mer män och kvinnor blir mer kvinnor i
himlen. Det innebär att männen framstår som olika hjältar som blivit
mer manliga och kvinnorna har blivit mycket vackrare. Men
Swedenborg tycker män och kvinnor ska beundra varandra mer för
deras vishet och intelligens och deras tänkande än bara deras skönhet.
Det är barnsligt att bara beundra varandra för ansiktena. De säger att
man blir lyckligare i världen och i himlen av hög intelligens men inte
vara så vacker än att vara en idiot men vacker i världen och i himlen.
Men i världen och i himlen kan det upplevas tvärtom beroende på vilket

liv man lever där. Men de flesta ser normala ut och är normalbegåvade i världen som innebär att de är varken så fula eller vackra eller så dumma eller smarta men att de blir och upplevs mycket vackrare och smartare i himlen. Man upplever skönheten mest genom livet av sanningen och i spelet man har en roll och funktion i. Skönhet i individer är bara en bonus man upplever ibland i samband med kärlek när man tänker på det. Allting har skönhet i ett avseende men alla ser den inte som inte upplever Gud, sanningen och har åsikter om det de ser. I Bondfilmer om man upplever dem på rätt sätt kan man uppleva att allt i dem har skönhet som påminner hur det upplevs lite i himlen. Avståndet mellan upplevd drömverklighet och tråkig verklighet är ofta aktion baserad på fullkomligheter att man handlar rätt och säger rätt i situationer man upplever könskärlek med någon man kan uppleva de försöker åstadkomma intrycket av i Bondfilmer. Livet i himlen präglas av en gemenskap och man upplever varandra som på en fest. Man känner att man har mycket att prata om och upplever ibland härliga upplevelser i livet. Den största glädjen finns i när folket blir frälst och förenas med varandra i festen i Gudsrike och kärleken mellan män och kvinnor är bara en bonus av det. Det är mycket som är möjligt om man försöker och har social förmåga men om man inte försöker och har ingen social förmåga är det mycket som inte är möjligt.

Att söka lycka bara i pengar, karriär och sex är värdelöst för en person som upptäckt Gud och Guds rike och har blivit vackert skapad av Gud då upplevelsen av musiken och Herren blir mycket viktigare. Jag skrivit någon gång att skönhetens dilemma och privilegium med alla människor är att om alla vore extremt vackra så skulle alla se nästan likadana ut till det yttre som skulle upplevas sämre. Mycket av skönheten skulle förvinna av det för det blir inga upplevda kontraster då det blir svårare att definiera och uppleva det. Jag har kommit fram till att det finns extrem skönhet, skönhet, snygg, ganska snygg, söt, normal, ful och väldigt ful som olika kategorier man kan definiera hos människor fast det är relativt upplevt och det är mest så man bara upplever i världen. Det extremt vackra har få former och övriga många former. Jag tror den bibliske Jesus inte definierade skönheten med människor bara diskret men hade en förmåga att se skönhet i allt. Jag upplever skönheten är bara där man finner den jag erfar med spännande kvinnor annars upplevs det ganska ointressant.

Jag tror i himlen upplever man ofta en fin kontrast av det som är extremt vackert och det som inte är det man upplever liknande i Bondfilmer som ger upphov till starka olikheter i en spännande himmelsk atmosfär i vackra miljöer. Men jag tror bara Bondfilmer har en sfär av det likande musiken har av den andliga världen. I himlen upplevs det att det extremt vackra har en låg skenbar komplexitet och det fula har en hög skenbar komplexitet och att skönheten kommer alltid starkt inifrån från det innersta man förhärligas och pånyttföds av i himlen. Jag tror skönheten i himlen uppenbaras av många olika faktorer som verkar individuellt och gemensamt i en helhet som gör den unik och levande och skapar skönhet i allt där. I världen verkar det på ett annat sätt och att man ser det vackra ofta bara i det vackra. Man brukar säga att allt påverkar men du kan inte förutse hur eller vad som kommer att hända att det är komplext som gör allt möjligt i ett avseende i intryck i situationer tack vare mycket samtalskonsten och genomstrålningen av anden som förvandlar upplevelsen av det fysiska i himlen. Man kan säga att det är en upplevelse av en annan okänd skönhet man inte upplever i världen bara i himlen som är vackrare än bara skönhet. Man upplever skönheten med allt mer genom att inte sträva efter att uppleva den. Den uppstår av att allt upplevs intressant i stället. Att förstå allt och se skönhet i allt och uppleva sex och musik på rätt sätt är en konst men alla är inte en konstnär.

 Många filmer och populära tv-serier är ett försök att återskapa det man upplever i paradiset men bara på film. De säger att man tittar på film och serier för att få uppleva det man inte får vara med om i sitt eget liv virtuellt. Bondfilmerna är inga kalkonfilmer men baseras på kiosklitteratur och en del tycker de är löjliga även om kan uppleva att underbart är kort i dem. Jag tror himlen baseras mycket på den amerikanska drömmen men att det är förverkligat för många i Gudsrike även om det är väldigt olikt ett amerikanskt samhälle med sina sämsta sidor men likt det med sina bästa sidor. Det baseras på rikedom, berömmelse, skönhet och uppleva ett bra liv med någon man älskar.

En sann man vill uppleva fara och ett spel därför vill den uppleva en spännande och vacker kvinna som har likheter med sitt eget tänkande den får mycket utbyte av. Ett meddelande från himlen är att Madonna är den rätte för mig och att hon gillar mig och min snygghet jag hade som ung. Hon upplever mig spännande att jag kanske är den okände Jesus. Boy George tycker Madonna gjort mycket fantastiskt som artist och människa men som person är hon ett monster man kan tolka hon är svår alltså krävande, styrande, dominant, oförsonlig person som vill gärna stå i centrum och få mycket uppmärksamhet hela tiden. Jag är själv likadan i ett avseende och någon har kallat mig geniet och monstret. Någon har sagt att Madonna hatar Facebook. Jag tror hon lever ett liv likande Greta Garbo där hon gör vissa framträdanden. Jag tror hon är väldigt intelligent som bjuder på sig ibland. Hon har sagt att skönhet är där man finner den. Jag tycker att hon såg olika ut i olika perioder i hennes liv och karriär men hon har varit alltid väldigt snygg och sexig. Jag tycker Lois Chiles är väldigt snygg i Dallas och ger intrycket att vara både en farlig och trevlig och spännande kvinna. Kärlek med fruktan som innebär ömsesidig respekt för varandra som betyder att man är heliga inför varandra vilket har en perfekt balans av det goda och onda som kan upplevas fullkomlig.

En del menar att drömkvinnor och drömkillar handlar inte om kärlek utan om beundran som kan leda till avgudadyrkan genom idoldyrkan. Det är ofta personer man inte kan få i världen och himlen men det är inte omöjligt att förenas någon i livet. Men jag känner att jag funnit skönheten i Lois Chiles när hon var som finast. I himlen upplever man så med många där genom att se men inte röra. Men Lois Chiles har kanske en livskärlek hon har upplevt i världen hon vill förenas med i himlen. Man vet inte vad det är för tankar som rör sig i andra människors hjärnor och Gud arbetar med deras högsta önskningar om de är rimliga att försöka förverkliga dem i Gudsrike. Jag skrev för länge sen på Lois Chiles fanpage som inte finns kvar längre på Facebook en kommentar hon gillade. The Bondwomans were the cream of ladies famous for the rare beauty. Genom telepati har hon sagt a strange guy om mig om jag inte tolkar det helt fel men det verkar rimligt.

Även en intelligent besserwisser med bra utseende som har humör och ifrågasätter allt och är dålig på att lyssna har svårt att få en partner för *det nästan ingen står ut med det. Det upplevs som otrevligt beteende som tyder på bristande emotionell intelligens. Lita aldrig på någon som har impulser att straffa en för allt man gör och säger det tyder inte på djup förståelse utan dårskap.*

Jag tror det finns en för alla om man träffas och lär känna varandra men de kommer inte och knackar på dörren precis. Vissa människor dras till varandra och känner igen varandra genom deras själar och beteenden och gillar varandra genom det. Människan är inte dum på det sättet och har känselspröt som känner av om någon tycker och gillar en. Man brukar iaktta och uppföra sig på ett speciellt mot dem när man träffar dem. Vissa är kräsna sexuellt och en del är inte det och även för snyggheten. Alla är intresserade av det men har olika smak och tycke för det i olika böjelser som är sådant man dras till och har svårt att motstå när man blir kåt. Alla uppskattar olika tänkande och egenskaper i andra människor som liknar ens egna tänkande och egenskaper. Man ska vara praktisk ha en hyfsad ekonomi vara trevlig och vara sexig och kunna gör en kvinna kåt och ha ett bra snack med henne som är charmigt med lite fräck humor med många kvinnor för att vinna dem.

En del kvinnor som delvis misstolkar mig ser mig som en sexistisk narcissist som gillar porr och är föraktfull mot kvinnor och är för mycket förälskad i sig själv. Men en del kvinnor inser att jag är en väldigt snäll rar blyg och social kille som förstår mycket och kan prata för sig i rätt miljö. En del tycker det är konstigt att jag aldrig haft en tjej men jag aldrig haft det behovet och alltid känt mig mer fri och lycklig singel där jag bestämmer allt själv i ett avseende. Det har sin förklaring även till att jag är väldigt speciell. Jag tröttnar ofta fort på många kvinnor om jag inte får något utbyte intellektuellt av dem. Jag lever mycket på drömmen att uppleva den stora kärleken i himlen i stället och få andra att drömma om samma sak. Det är nästan ingen kvinna som vill ha mig i världen och jag vill inte heller ha de flesta kvinnor utan det bara vissa typer av kvinnor jag är intresserad av som ofta är intresserad av mig. Jag tror Jesus upplevde något liknande. De flesta kvinnor har svårt att acceptera att jag är så oerfaren sexuellt och verkar så speciell i mina egna tankar där jag ger intrycket att jag bryr mig inte om någonting bara allt på en högre nivå. Men en del gillar och attraheras av det att man upplevs intressant och spännande av det. Världen upplevs galen för mig och världen upplever mig galen Att tänka för mycket kan upplevas sjukligt som att tänka för lite. Övertänkare upplevs galna men har ofta rätt som få visar intresse och beundran för. Mitt val att leva ensam har alltid upplevts som en frihet för mig där jag bestämmer allt själv i ett avseende och där jag levt mycket på drömmar och livet alltid upplevts intressant för att jag har alltid trott de kan verkliga med hjälp av Gud som arbetar med högsta önskningar.

En kvinna som har den rätta attityden och sättet med tankesätt som upplevs som ett livets träd kan jag bli kär i och tycka är väldigt vacker fast hon inte tillhör de vackraste kvinnorna i världen. Jag vet att Bobby Fischer upplevde så med asiatiska kvinnor. De ger intrycket att vara trogna och behagliga som accepterar mycket. Det krävs en riktig man att inse att en vacker kvinna är tillräckligt för Honom. Inget att förhindra att två människor som älskar varandra förens himlen. I Maria Magdalenas evangelium står det att himmelriket är på jorden när två tvillingsjälar förenas med varandra som upplever samma tänkande och är så lika varandra. De brukar bli lyckliga och nå nirvana i jordelivet av det. De himlen älskar att para ihop dem som passar väldigt bra ihop med varandra. Man har många olika intressanta partners för det och inte en enda partner för det. Den bästa partnern man är skapad för kan bli en dålig partner av dåliga erfarenheter och intryck av varandra som leder till att man tappar allt intresse för varandra. Man tänker ibland utifrån sin livskärlek om man känner en sådan kärlek som handlar inte bara om en människa utan vad man helst vill uppleva och göra i livet. Det handlar för många att uppleva den oändliga viljan och den livsberusande upplevelsen i livet tillsammans med andra i grunden. Mitt råd är bli kär i lite aktivitet och bara lite vem du vill bli och främst vad du vill göra med andra.

Drömmen om sex i himlen

För Platon var upplevelsen av skönheten genom musiken och kärleken det viktigaste vulgära former av det sexuella förstör men himmelska former av det förstärker upplevelsen av dem. För Swedenborg var sex i himlen en dröm som han menar är möjlig om man älskar varandra där mycket skönare i kroppen i en bättre miljö. Jag tror han resonerade att om sex finns i världen existerar det även i himlen att det är en del av livet som ätandet man har behov och stor glädje av. De säger att världen är så överfixerad vid sex för att människor är inte fria av sanningen som leder till att de brukar det på fel sätt och förknippar en massa konstigt med det. Alla passioner och begär är bra när man är mästare över dem och alla passioner och begär är dåliga när man är en slav till dem. Många sysslar med onani för att inte sprängas av sin kåthet. Om man begraver dem kommer de ut i fulare former. Onani blir syndigt eller inte beroende på vad man fantiserar om. Om man fantiserar om någon man älskar är det inte syndigt utan befriande och skönare. Men man kan uppleva att man älskar flera kvinnor. Att söka *evig lycka i bara sex är värdelöst som är inget man blir lycklig av men det är en del av livet som ätandet vilket därför finns även i himlen. Man behöver uppleva alla goda aspekter av livet i en omväxling för att bli lycklig i det.*

Många kristna tror inte på sex i himlen men en del kristna erkänner det och tror på det i någon form i himlen. Många människor är rädda för ett liv där man får aldrig mer uppleva sex att det låter så tråkigt och även ofullkomligt att man kommer sakna det troligen mycket om det är så. Men en del människor känner att de kan vara utan det och att det är överskattat. Min syn är att man kan inte bara basera sitt liv på sex men helt utan det blir tråkigt och känns inte komplett att man vill uppleva det ibland. Att leva enligt naturen och sina medmänniskor innebär att man har sex ibland enligt min logik och vishet att det är både en trädgård och lustgård i himlen. Det känns som sex är inte för alla i världen men de som känner det vill gärna praktisera det och en del får nöja sig med att tillfredsställa sig själva och gå till prostituerade. Sex är bara syndigt enligt mig och blir ofta misslyckat utan närvaron av kärlek men kräver inget äktenskap men ett andligt äktenskap med varandra. Är man kåt och tycker om varandra så upplever man både det gudomliga och kärlek och hur kan det vara syndigt om man har sex då. När du lär känna dig själv och din själ upphör många av dina begär och nya väcks i livet. Sexualiteten är gudomlig som innebär att det kan upplevas vackert och härligt i sin fullhet. Det känn som det är en stor del av livet som försvinner om sex inte finns där och är ologiskt eftersom det ofta upplevs som livets höjdpunkt för många. Kärleken och den sexuella attraktionen är mycket komplex och en del människor gillar och dras till varandra genom sina likheter med varandra. Vackra kvinnor och sexighet är fina grejer i livet och bland det finaste som finns att uppleva. När kärleken känns som en inspiration och inte bara en skyldighet väcker den begär som är en spirituell eld som tillåter hot sex även i himlen i min värld. Jag tror ingen kan njuta sexuellt oberoende av Gud och Satan att det upplevs både gudomligt och djuriskt. Glädje, sex och kärlek är en helig spirituell eld som gör vårt syfte varmt och vår intelligens stimulerad, höglänsade och bättre. Oskyldiga människor som upplever sin själ upplever det sexuella mer spännande. Fysisk skönhet är inte alltid nödvändigt för att uppleva hot sex utan har mer med kopplingen och spänningen man känner och upplever mellan varandra i det. Det djuriska och smutsiga ingår i den sexuella lustfyllda dogmatiken om man förstår varandra genom kärleken man upplever med varandra. Bara kärlek och förståelse kan läka sår man har i sinnet, själen och förståndet. Det kan innebära att man pratar mycket och älskar med varandra. Därför tror jag sex förekommer i himlen av den anledningen. De säger att hur mycket sex man har i förhållanden varierar mycket från väldigt lite till väldigt mycket beroende på vilket behov man har av det. Det vackraste man kan uppleva är att se mörka ögon och en förhärdad själ som får ljus och liv igen som drabbats av omgivningen och haft otur i livet man kan uppleva med en sexmissbrukare som blivit utnyttjad. Inget kan skilja en människa från Herren att han längre inte kan rädda henne vilket innebär mångas räddning även när det verkar kört. Även djävulen kan upplevas fullkomlig i det sexuella som Gud och man kan uppleva en dualitet i dem av det. Man kan uppleva både svärta och mustighet från dem. Ingen kan njuta oberoende av Gud så alla som njuter är beroende av Honom på något sätt i det. Swedenborg tror inte på djävulen som en ond pol eller egenskap i köttet utan ser djävulen och satan som bara

kollektiva väsen som ger sig uttryck i likgiltighet och fördomar i
människor inför Guds vackra och rimliga idéer som förefaller
kontroversiella ibland. Jag tror alla vill ha lyckat sex ibland om de har
möjlighet till det i livet och man ska inte avundas andra som har den
chansen. Sokrates hade inställningen om man har möjlighet att träna
sin kropp och ha sex så är det en skam att inte göra det och ha det men
alla har inte den möjligheten i världen och man ska inte klandra dem
för det. Det är skönt att vara kåt men man tappar halva förståndet av
det och det är skönt att bli tillfredsställd och nöjd då man vinner hela
förståndet i en lycksalighet som är förgänglig som njutning. Min moral
baseras främst på förståelse och inte på tro. De med minst erfarenhet av
livet brukar ha den strängaste mest trångsynta moralen. Ibland är det
skönt att göra bara vad man känner och följa sin lust om man gör det
på rätt sätt och känns inte syndigt. För att kunna njuta av sex på bästa
sätt måste man ha lite odjuret i sig som tillhör dogmatiken. Det innebär
bara att man når varandra i det. Det innebär att knulla och älska på
heligt vis som är även möjligt i himlen. Det innebär att man knullar och
älskar mycket bra och gör en kvinna nöjd av det. Jag tror Guds syn på
sexuell njutning är att det är bäst om leder till glädje och ökad lust. En
god kvinnas sexighet är mycket sexigare för en god man än en ond
kvinnas sexighet men ond man resonerar nog tvärtom. Kärlek väcker
begär och utför ofta sex vackert, konstnärligt och passionerat utan
några konstigheter även om det kan vara erotiskt och vulgärt. Kärlek
närhet och ömhet är bästa kryddan för sexuella attraktionen då det blir
naturligt och skönast upplevt. De som upplever extrem njutning i det
sexuella i världen brukar inte överge den om de inte tror de kan uppleva
den igen utan strävar efter nya upplevelser av den även om den leder

till helvetet. Njutning är bäst om det leder till glädje och är mest uppskattat i mitten i ögonblicket när man upplever det.

Sex bygger på förståelse på varandras sexualitet. Du måste förstå kvinnans sexualitet och hur hon upplever det för att du ska kunna tillfredsställa henne i det. Det är ett komplext spel med varandra på avstånd och i närkontakt. Känt är att jag gillar hot sexigt mjukporr där de ger intrycket att tycka om varandra. Kärlek och tungan är en spirituell eld kopplat till både himlen och helvetet som tillåter det hota på gränsen till det starkt erotiska och vulgära om man gillar det även i Guds rike. Swedenborg säger att en människa gör sig inte oskyldig bara att avstå från lustfyllda gärningar men även att inte göra dem när det bekräftat att göra det. Många människors moral i världen är konstlad och populistisk. Det universella handlar om den sanna moralen man får av goda erfarenheter. Moral är inte vad man gör om man inte gör rätt för moral är det man borde göra. Två porrstjärnor jag kom i kontakt med i porrfilmer som ung var Teri Wiegel och Tracy Winn. Men jag gillade mest Tracy Winn men jag tror Teri Wiegel var populärare bland män. Men hon känns för hård för mig Tracy Winn ger ett mycket mjukare intryck även om hon är hot också. Man ser på filmer för att få uppleva det på film man vill uppleva i sitt eget liv. Människor söker efter sköna upplevelser i livet och drömmer och fantiserar om dem. Ofta är det platonska upplevelser eller sexuella upplevelser.

Uppfattningen att anden är det goda och köttet är det onda är känd i Bibeln. Att så i anden leder till liv men att så bara i köttet leder till det motsatta. Men intressant är att uppnå en perfekt balans dualitet och syntes av dem. Man kan uppleva detta i en himmelsk och god köttslighet med mustighet och svärta som är genomsyrad av anden som präglar

hur man är som människa och hur man upplever det sexuella i himlen.
Swedenborg menar att det goda är en manifestation av det gudomliga
som är det praktfulla, vackra och härliga av allting som är subjektivt
upplevt. Anden ger upphov till allt liv och skönt tänkande och köttets
bästa egenskap är att den upphov till sköna känslor i det sexuella. Att
något är himmelskt betyder att det är en plats att det positiva kommer
fram i det och man upplever det som Gud som himmelsk människa.
Man kan uppleva en balans av ont och gott men inte bara ondska som
det vore gott utan det goda som innebär en slags perversion vilket leder
till man blir förhärdad och mörk av det i sinnet. Det finns inget gott och
ont men tänkandet gör det gott eller ont. Swedenborg har den synen att
köttet är inte roten till det onda och man ska tillfredsställa det men
självkärleken och sätta sig i centrum och härska över andra är den
främsta roten till ondskan. Om man lever fullt ut i anden lever man även
fullt ut i det köttsliga utan att det blir några onda inslag i det och då
finns ingen konflikt mellan anden och köttet.

Bibeln förespråkar äktenskap och sex men det är inte för alla i världen
och samma syn har jag på himlen att det finns himmelska äktenskap och
sex där men det är inte för alla. Detta kan tolkas orättvist men så är
livet skapat av människan och Gud och man måste acceptera att det är
så. Gudsrike präglas av himmelsk lycka som innebär att man uppskattar
och upplever andras lycka lika mycket som sin egen lycka. Jag har fått
olika budskap från himlen att sex förekommer där. Kung Salomo sade
att han saknade det till mig men han hade väldigt många kvinnor och
bedrev otukt med dem som kanske var det han saknade. Ett annat
budskap från himlen löd sex i Gudsrike är en befrielse från all världens
otukt man kan tolka att man kan sex där om man håller sig hela tiden

till en partner. Otukt eller lösaktigt sex är en avart till fysisk kärlek. En avart är dålig variant som utvecklats felaktigt från sin ursprungliga form. Jag tror himlen går ut på att hitta sin rätta partner man älskar och blir mest lycklig med som är det Swedenborg förespråkar. Kärlek väcker begär och lust och sex känns bäst genom upplevd stark kärlek. Man kan bli väldigt kåt och upphetsad av att uppleva närhet och ömhet med någon man älskar därför finns även sex i himlen är min tro om det.

Den romantiska och erotiska undergången kan orsakas av att uppleva för mycket absurditeter i livet på det moraliska och religiösa planet. Genom att upptäcka dess rimligheter och sanningar kan vara början på en ny födelse och räddning och början på himmelriket. Sanningar leder till nya upptäckter av sanningar på samma område. Jag tror som en man att man kan attrahera en vacker kvinna sexuellt om man får en tillräckligt muskulös och vacker och sexig kropp som en heman och vara välutrustad även om man inte är speciellt snygg i ansiktet i paradiset. John Holmes är i himlen har jag fått reda på. Han var populär bland kvinnor för att han var en trevlig person och var en fin älskare som bemötte kvinnor på ett bra sätt och han var så välutrustad men inte för att var så snygg eller hade en jättesnygg kropp men att han såg högst normal ut. John Holmes kallade sig slight gigolo. Sex är alltid sex. Goda visa kloka kvinnor kan tända sexuellt på profeter och även Jesus som inser även de upplever allt som ingår i den sexuella dogmatiken med svärta och mustighet och det djuriska lite smutsiga dock i en himmelsk form att det positiva kommer fram i det. Onda kvinnor med bristande intelligens har svårt att överkomma fördomen mot profeter och Jesus som sexuella partners. Jesus sexighet består av hans kraftfullhet att han är ett riktigt krutpaket fysiskt med mycket *hormoner. Ofta kvinnor som gillar och tänder på söta killar gillar mig. En kvinna sade till mig att det är det enda vi gillar att det är populärt med en ursöt kille de har förtroende för som är samtidigt sexig.*

Jag kom ihåg att jag filosofera om varför vissa människor tycker om att klä sig i läder. Men en person sade vad är det med det att det är inget märkvärdigt. Jag tror det speglar att man gillar sex och hot mjukporr ofta och att man vill vara tuff och sexig men det behöver inte betyda någonting att en del tycker det är bara normal klädsel. Det kan bli en fin kontrast med mörk klädsel med en ljus god människa som gör henne mycket sexigare i mina ögon. Sex ses ibland som konst. Konst är att våga vara och visa vem man verkligen är och inte skämmas för det och har sina beundrare för det som kan innebära att vara väldigt sexig. Jag har både Patrik Bateman och Jesus i mig som människa i olika former och substans. De är både väldigt lika och olika varandra. De förstår varandra men upplever sin syn på andra människor väldigt olika. Jag är som en syntes av Jesus och Patrik Bateman. Jag kan tänka väldigt vulgära tankar som kan upplevas sexiga och smutsiga en del upplever perversa men andra tänder starkt på. Jag gillar det för det handlar ju om att bli kåt och den man vill ha sex ska bli kåt som upplevs skönt. Men boken American psycho beskriver ofta groteska scener där han slaktar människor som jag avskyr. Jag gillade att titta på sexigt hot mjukporr som ung och gör fortfarande ibland och har mina favoritfilmer. Man upplever spänning och upphetsning av det men det känns lite syndigt men något Gud accepterar om man upplever det som han då det positiva kommer fram i det.

Guds ser synd som smuts och idioti som inte är uppbyggligt och förespråkar renhet och en hög nivå i stället. Sex i himlen är befrielse från all världens smutsiga otukt. De flesta tycker det orena är väldigt osexigt och avtändande. Swedenborg trodde därför man kan finna en Guds kärlek och sexuell attraktion med någon genom renheten där kroppen blivit mycket vackrare i himlen. Men svärta är en form av ren smutsighet vilket finns som egenskap i köttet, som förgyller den sexuella upplevelsen.

Svart är en dyster och mörk färg som kan upplevas tuff, snygg och sexig och är en nödvändig kontrast med det ljusa som kan upplevas attraktivt med rätt karaktär. Jag tror Madonna som gillar att klä sig och känna sig sexig i läder. Det kan upplevas utmanande och starkt sexigt och porrigt som en del tycker är negativt och ogillar men vi har rätt till olika smak i både världen och i himlen. Jag tror Madonna gillar min syn på sex och sexighet som är okej även i himlen om man aldrig överger godheten och Gud av det. Man kan se det som skön ondska som är harmlös för det drabbar ingen annan.

Min syn på det avvikande

Perversion kännetecknas av missbruk och att man utnyttjar och integrerar med varandra på ett ondskefullt sätt där försöker göra ondska till någonting gott utan att vara gott. Att balansera det onda med det goda där man vet vad som är ont och gott är inte samma sak och är inte perverst. Men perversion är en gråskala som psykopati att det är oklart hur läget är och subjektivt upplevt och viktigast är att man känner sig överens med Gud och andra människor får ta del av det. Man kan se det som avvikande från det normala som inte är tillräckligt för att man ska kunna njuta ut av det.

Varje kvinna ger en unik sexuell upplevelse för hon är en unik personlighet som har unika egenskaper både till det inre och yttre genom sin kropp och själ och jag tror kvinnor upplever likadant med män. En del upplevs bättre och en del sämre och en del upplevs otroligt bra men alla upplever varandra olika som olika människor som kvinnor och män. En känd kvinna tyckte det var extremt otrevligt att ha sex framför en kamera men en del njuter av det att visa upp sig men det är inte normalt. Det perversa känns rätt för den som har den böjelsen men upplevs fel för de som inte delar den. Det perversa brukar vara djuriskt när man spelar och tillfredsställer varandra på ett sätt som man finner stor njutning av men kan upplevas avvikande och onaturligt där man bara tycker om men inte älskar varandra på ett ömsesidigt utnyttjande sätt man upplever man får ut mycket av. Man kan uppleva detta med extremt sexiga lite udda kvinnor som är ute efter samma sak. Jag ser inte perversion som ondska om den inte skadar och drabbar andra och sig själv utan kan fungera som en slags personlig interaktion mellan två människor som upplever en attraktion och spänning med varandra och om de samtidigt älskar varandra så är det okej i mina ögon och sinnen. Det är en form av komplext sex som är både fult och vackert på en djävulsk och gudomlig nivå där Min upplever både odjuret och ängeln i sig som är nödvändig i all form av konst och skapande. Swedenborg säger att sex i himlen går till ungefär som i världen alltså ofta i sina hem i sängen eller på beachen där man får vara ifred. Det betyder att de kan gå till både på olika och gemensamma sätt och upplevas olika och på ett likande sätt efter sina preferenser. Djävulen kan upplevas fullkomlig i det sexuella om det upplevs härligt och väldigt skönt som är en upplevelse av det gudomliga för det är Gud som skapat det sexuella. Att titta på porr kan upplevas spännande inspirerande om det är sexigt vackert mjukporr. Jag vet inte vad Gud anser om det för det fanns inte på hans tid. Gud kanske njuter av sex genom människor och att han ser och upplever det från alla håll för ingen kan njuta oberoende av Honom. Orgasmen och kåtheten och sexigheten är upplevelser av det gudomliga. Swedenborg menar att satan har ingen roll i det sexuella som egenskaper i det att det fritt för människan att skapa och leva ut i det mellan varandra om det är ömsesidigt och man har båda det behovet. Men en kristen uppfattning säger att det finns en köttslighet präglad av en ond andemakt då det negativa kommer fram i det och man upplever det som satan som ond människa och en god köttslighet präglad av en god andemakt som är himmelsk då det positiva kommer fram i det och man upplever det som Gud som himmelsk människa. Men Swedenborg menar att det finns inga onda andemakter utan det är bara frånvaron av det goda hos onda människor som präglade av det falska. Men den tyska filosofen Jacob Böhme gör gällande att det finns en ond andemakt och även en vrede och ett mörker i Gud. Jag tror båda har rätt och fel och sanningen om det finns någonstans mitt emellan av det.

Många har en fördom mot Gud och Jesus och väljer bort dem för de tror inte de förespråkar sex och att sex inte finns i himlen men Jesus älskar sex och är idén om det perfekta sexet. Det finns en himmelsk köttslighet i himlen och kärleken och tungan är en spirituell eld som är kopplad till både himlen och helvetet även i Gudsrike som tillåter hot sex som är ok så länge det finns kärlek i det och det positiva kommer fram i det som innebär att njutningen leder till glädje och fördjupad kärlek som leder till ökad lust. Det onda begäret är roten till lidandet men kärlek väcker goda begär som känns leda till glädje och inspiration och bättre njutning. Något som känns väldigt skönt som sex känns rätt när man upplever det att man kan inte motstå det. Men ibland efteråt kan det kännas fel eller man känner sig nöjd av det och vunnit förståndet av det. Jesus kan njuta av sex men han är jävligt hård och gillar hårda tag utan att han våldtar. Han kan även njuta av motsatsen att bara älska på ett gudomligt sätt. Han är extremt bra på att hantera den. Jesus gillar hårda kvinnor som har odjuret i sig och är mjuka i sin hårdhet och är lite vulgära att han tänder på det.

Herren uppenbarade mina sexfantasier bland människor och det var en kändis som kallade mig för en hjälte i perversa kretsar men del gillar dem och tycker jag är väldigt sexig och blir kåt av mina tankar om sex och upplever de både vackra och vulgära. Jag är lite maximalist allt eller inget och njuter av sex som Gud som skapat det. Det goda är naturligt och nyttigt och det onda onaturligt och onyttigt. Men det finns mycket i sina tankar och hur man tänker om allt. Ont är ont och gott är gott men allt finns i era tankar. Det sexiga är naturligt och det osexiga är onaturligt som det rena och orena. Jag tycker svarta läderkläder har en förmåga att jag göra en kvinna väldigt sexig jag har djupa känslor för som är bara positivt att svarta läderkläder har den förmågan och kvinnor har kanske samma upplevelse av män att de blir sexiga av det. Jag tycker också vissa baddräkter kan vara väldigt sexiga på snygga kroppar alla kan få i himlen. Att bli pånyttfödd som innebär att det leder till ett syndfritt liv men det är lite oklart vad synd är. En del ser det bara som en form av idioti där man missar målet med det man sysslar med ungefär som att misslyckas med saker och ting. Att utföra sex nyttigt och fullkomligt då man tillfredsställer varandra av det tror jag inte Jesus ser att det är så syndigt. Jag tror både för Swedenborg och Jesus var hågen för fruntimmer deras huvudpassion men de hade en tendens att tröttna på kvinnor de upplevde på olika sätt och drömde om att träffa den rätte de aldrig tröttnar på. Sexighet och vackra män och kvinnor är något alla män och kvinnor gillar om de är kåta som alla blir i livet från och till. Vila i ditt förnuft och rör dig i dina passioner och variera det med att vara aktiv i ditt förnuft och slappna av i dina begär. Lust är både emotionellt och fysiskt men kan upplevas vara en form av själviskhet och osjälviskhet i en lek och ett spel med en kvinna som upplever likadant som leder till kärlek och glädje om det upplevs på rätt sätt. Du är fri i dina val men inte konsekvenserna av dem som beror om Gud har sin glädje i det eller inte gillar det. Det ena leder till mer liv och det andra tvärtom. Om man är snäll och god och visar stor förståelse mot allt men har böjelser att uppleva hot sex med en hot sexig kvinna en del fördömer och en del gillar starkt visar Gud stor tolerans mot det. Även i de mest snälla och goda människorna finner man sexuella odjur som lever ut sina lustar i en interaktion med någon som gillar det. En del gillar det enkla och normala och en del gillar det avvikande och komplexa. Det är mer naturligt att tända på skönhet än att tända på det fula men det är subjektivt upplevt. Man brukar säga att satan är grotesk av lögnen men Gud är väldigt vacker av Ordet och det sanna. Jag tror man känner av varandras andar och demoner att människor dras till varandra av alla intryck som påverkar starkt om man blir ett par med varandra.

Min tid som profet

Varken människan eller Gud är fullkomligt rättvisa. Det ligger inte i deras natur att vara det och de kan upplevas mycket orättvisa i livet, men erfaras ändå fullkomliga av det. Men livet upplevs alltid rättvist på en viss nivå. En oändlig mångfald som präglar livet upplevs bara som *en välsignelse för de upplysta som upplever och ser det på rätt sätt. Jag arbetat länge med att bygga upp Herrens hus på jorden som hamnat i ruiner då allt inte gick hans väg genom mig. Jag bidrar med andlig utveckling och vishet till människor i den sista tiden. Många människor lever väl och har inget mot mig men tror inte på Gud och de kommer till himlen vare sig de tror det eller inte. De som tror på Gud som jag är ofta människor som haft det svårt och upplevt helvetiska tillstånd i sina liv. Många inser att jag har rätt men gillar inte mig och säger nej. Människor som är rädda för dig blir dina fiender de kanske gillar dig men känner sig osäkra inför dig och har en bild av dig som inte stämmer så bra och tror man tänker föraktfullt och negativt om dem som kanske är delvis sant men att man kan vara full av beundran och det positiva om dem också.*

Hjärnan producerar onda tankar man inte rår för alltid som njurarna producerar urin i kroppen. Man måste få uppleva ett hemligt liv och tankefrihet och lära sig förbättra sina tankar och tänkande ungefär som en trädgårdsmästare rensar i sin trädgård. Kvaliteten på dina tankar påverkar starkt din livskvalitet. Att tänka på rätt sätt är svårt att det lättare att döma för många människor. Lycka är att få göra det man är skapad för. Ingen är fri som inte är mästare över sig själv. Detta är väldigt inspirerande tankar om livet, kvaliteten på det och möjligheten att själv bli en mästare som härstammar från romersk filosofi. De säger att en sann mästare inte dominerar sin lärjunge som Jesus och blir inte din mästare men leder dig till ditt ljus och lycka i livet och låter du bli sin egen mästare. Många skämdes att vara anhängare till Jesus i alla lägen. Det är möjligt att Jesus själv skämdes över vem han var att han fick utså så mycket smälek för det men stod på sig. Han blev både hatad och älskad förnedrad och upphöjd. Jesus måste vara enkel och korrekt för att få med sig med folk med hans idéer och att de förverkligar dem. Jesus belöning för sitt lidande är att han vinner många vänner av det och framstår så kraftfull och exceptionell som väcker beundran för att människor pånyttföds och blir fascinerade av det.

Om man bryr sig om allt och alla och samtidigt skiter i allt och alla på rätt sätt och man har synen att alla är vi olika i Herrens hage kan upplevas väldigt coolt och härligt. Jag älskar den mentaliteten som är präglad av humor och djupt allvar. Det är så kanske så tungviktsboxare upplever det i ringen när det går mot varandra. Det är värre att förneka då man utesluter och inte lyssnar än när man skiter i något då man erkänner och kan förstå men bryr sig inte så mycket det.

Jag ser mig som en lärjunge till sanningen och Gud men till ingen människa. Lärjunge betyder efterföljare upplärd av en vishetsmästare som själv blir en sådan som kan lära andra på ett liknande sätt. Dina tidigare ofullkomligheter som blivit uppenbarade av andra ska bara guida dig men inte definiera dig. Alla är bara människor och mänskliga i grunden som innebär en sårbarhet för ofullkomligheter och möjligheter till fullkomlighet. Jag är inte omänsklig utan övermänsklig som betyder att jag är väldigt mänsklig och levande av det.

Jag tror mycket på att vinna odödlighet genom att försöka vara så rättfärdig och vis som möjligt i alla lägen. Med bara vackra inlägg men inga uppenbarelser kan framstå som en demonprofet men ingen falsk profet. En demonprofet är en före detta profet som blivit övergiven delvis av Gud och har bara djup vishet och sin egen lycksalighet kvar

mycket i gudomliga sanningar som gör han fortfarande lycklig ibland
när de uppenbaras i hans egen värld i sina tankar. Jag upplever både
ett Buddhamedvetande och Kristusmedvetande som betyder att jag
känner mig mycket upplyst och strävan efter att vara aktiv som öppnar
upp en ny dimension i livet där inget försvinner men upplevs
annorlunda. Buddha tänkte mest på sitt välbefinnande och förståelse
och Kristus var mest inriktad på att hjälpa andra. Lär att vara ensam
och gilla det i världen och upplev bara rätt sällskap ibland är mitt råd.
Gud säger att jag kommer bli ihågkommen som en stor profet som hade
mycket intressanta idéer och reflektioner kring allt när jag dör och en
del inser redan att jag är en profet mitt ibland dem och varit det under
lång tid nu. Gud skapade mänskligheten för han ville bli känd och bryta
sin isolering och han har sagt till mig att han aldrig överger
mänskligheten. Upplysning är en väg till Fadern som är det upplysta
intellektet och är den rätta innebörden och tolkningen av att Jesus är
vägen till Fadern som var en upplysningsman lika mycket som en
undergörare.

Min syn på mig själv som en Kristus och en Buddha

Islam tycker många är mer logisk men mindre vacker än kristendomen
ser bara Muhammed som den största profeten och Jesus är en endast en
stor intressant profet som innebär att de bara är vanliga människor och
har ingen speciell upphöjd roll i paradiset att allt där står och faller
med dem där, som verkar mer rimligt och är hur jag framstår och vill
vara och uppleva livet i världen och i paradiset. Man brukar säga att
alla är påverkade av sin tid och formas av sin omgivning och
erfarenheter och inte göra det är omänskligt. Jesus är inte omänsklig
men övermänsklig som betyder att han är både väldigt känslig och

samtidigt väldigt stark som människa. Människor förväntar sig att Jesus
är mycket kärleksfull och vis och kan besvara allt på ett bra sätt och
bryr sig om allt och alla på rätt sätt och har fullmakt och makt över allt.
Men människor upplever jag har bara vishet och är bara lite kärleksfull
där jag samtidigt är föraktfull mot ondskan och skiter i det mesta men
har mycket humor.

Den högsta formen av en Buddha och en Kristus är genom tillståndet
och tänkandet. De är både krigare och harmoniska varelser som är
ordinära men exceptionella. Tid och tålamod är de största krigarna för
sanna gudsmän och Gud själv. En Buddha och Kristus anser att ditt
tänkande och förstånd är lika viktigt som Gud själv och man kan bara
nå varandra genom det. Jag är präglad av kärlek och vishet som Gud
själv vilket gör att jag förstår mycket och samtidigt upplevs lite galen
även om det finns anledning i det. Alla sanningar om kärlek och vishet
utmärker mig som människa och vad jag gillar i livet och för liv i det.
Ingen är som jag ändå upplevs jag som vem som helst. Jag är bara
idealmänniskan som inte är så bara och idén om den perfekta kärleken
den perfekta vänskapen det perfekta sexet och den perfekta skönheten
som handlar om livet i himlen. Jag tjänar bara genom att undervisa och
upplysa än att utföra goda gärningar för andra på löpande band.
Genom att människorna får klara sig mer själva är de också mer fria.
Problemet ligger mycket i att människorna är onda och vill inte
paradiset inom sig och i det yttre men vet som är rätt och sant innerst
inne. Mina värsta plågoandar är dödsdömda annars har jag många
fiender och motståndare som inte är det som lever både under nåden
och domen i världen. För att passa in himlen räcker det med att vara i
Ordet anpassa sig till ordningen och ha spärrar och utföra nytta alltid

när man har möjlighet till det, man kan leva upp till redan i världen som är ett liv som leder till himlen.

Fadern bevarar sig i Ordet.

Fadern bevarar sig i Ordet och talar mycket sällan. Det är något man kan tillämpa själv som innebär att man ska vara noga och tänka på vad man säger och suga på karamellen när man säger något bra och upplever kraften och skönheten med det när man förmedlar det andra människor. Att bevara sig i Ordet är att bevara sig i Gud. Ordet är inte bara en bokstav utan även en upplevelse av livet man måste hålla sig till inom vissa ramar och gränser för det. Guds språk är lakoniskt alltså tydligt, kortfattat, enkelt och säger mycket. Alla hans ord är fria från slaggprodukter i språket och detta förväntas gälla även Jesus. Men himlens fåglar och de bevingade för vidare vad du har sagt. Men tiden kanske läker alla sår i framtiden och allt faller i glömska och pånyttfödds igen. Det är som krokigt blir inte så lätt rakt igen som det vilket är ofullkomligt blir inte så lätt fullkomligt i språket. Jag tror Gud kan linda in och bränna bort slagg och det nämns i Bibeln när han bekämpar ondskan och försöker upprätta sina profeter. En slav är en människa som inte kan uttrycka sina tankar men i himlen lär man sig tala som man tänker. Jag tror ondska kan sätta sig på tungan om man bli utsatt för det som kan hindra att uttrycka sig som man vill och man kan försäga sig av det. Även kunskap kan göra en människa till en slav om man tror på den men den är värdelös. Det handlar om att man blir insnöad och en fackidiot. En del menar att ju mer man tänker på allt ju mindre tror man på Gud att det blir inget kvar när man utforskar allt. Man skapar problem som inte är några problem. Det är bara skenproblem i rökridåer och lek med ord. Men en del andra filosofer menar att det är tvärtom. Ju mer man tänker och filosoferar desto mer tror man på Gud och angriper problem som är bra att lösa och bli upplyst av, då man blir friare i sinnet. Man måste lära sig ett nytt sätt att tänka för att bli annorlunda till sättet som präglas av att vara mästare över sig själv. Jag strävar efter att bli kärleken och visheten förkroppsligad genom att undra och ständigt söka sanningen och försöka förstå allt som kommer hjälpa mig till slut att ha timing i allt. Den som ständigt arbetar på sin bättring blir fullkomlig till slut av det. För att lyckas med det måste man läsa mycket och undra och prata och diskutera med människor som förbättrar dig. Vishet kännetecknas av att lära sig av allt och omvandla det till något bättre. Det finns en begränsning samtidigt tvärtom att göra Guds vilja och uppleva hans kraft. Det finns inget utrymme för destruktiv ondska och idioti i det utan bara fullkomlighet och rättfärdighet, som leder till liv och frihet. Att göra Guds vilja har olika nivåer efter sin förmåga. Det är spännande att försöka rena sig från all synd och ondska för att komma i kontakt med Gud av det. Men det är inte många människor som har upptäckt det och har den ambitionen. Men Swedenborg räknas till dem.

Jag känner mig kunglig i min vishet och min roll. Himlens höjd jordens djup och kungars hjärtan kan ingen utrannsaka. De brukar ha många kvinnor i sina hjärtan och de ser annorlunda på världen som präglas av en skön syn på den där de anser att ondskan har inte sin kungaborg på jorden. Hemma är där du kan vara som du vill och ingen bryr sig eller accepterar och uppskattar som du är. De säger att komma till himlen är att komma hem.

Guds uppenbarelse i Ordet och i skapelsen

Guds uppenbarelse i Ordet och i skapelsen nämns i Bibeln som en förmåga Gud har att framträda sig och att förvandla upplevelsen av verkligheten i människors sinnen. Detta talar för att det finns även en skapelse i himlen för att uppleva Ordet på bästa där genom denna form av uppenbarelse även där. Jag tror himlen präglas av en evig himmelsk och kraftfull och skön uppenbarelse och genomströmning som uppenbarar mycket man upplever hela tiden som gör det lugnt och skönt upplevt alltid. Alla där medvetna och upplever denna form av uppenbarelse och uppenbarelser på rätt sätt som gör att de uppför sig och förhåller sig rätt till allting. Man kan säga att allting i Ordet och allting i skapelsen har med livet att göra i något avseende. Men man upplever mest Ordet och förhåller sig bara till skapelsen innebär att de uppenbarar och ger intryck och har makt över död och liv. De som gärna brukar dem får äta dess frukter. Man återupprättas mycket bättre i himlen än i världen som ger upphov till evig ungdom och inga sjukdomar man dör av. Både Ordet och skapelsen kan förenas med det gudomliga och upplevas kraftfulla då man upplever mycket skönheten med dem. Det är en upplevelse av en andlig värld och fysisk värld samtidigt som genomlevs mycket bättre och vackrare i himlen. Det är möjligt att Jesus är beroende för upprätta sin högsta nivå att hålla sig borta från allt som kan uppfattas som slagg och restprodukter och ge intrycket att han talar som Fadern. Det är ett lakoniskt och genialiskt enkelt och kraftfullt språkbruk som är tydligt och kortfattat som känns främmande i denna värld och tillhör mer livet i himlen där han framstår som den högste där genom det. Men jag tror han kan lyckas med detta genom att ständigt arbeta på sin bättring, pånyttfödelse och frälsning då han framstår fullkomlig och den mest vise av det till slut genom samtalskonsten som vittnar om att han förstår allt väldigt bra.

Den underbara verkligheten

Att känna sig verklig och fullkomlig är en glädje till källa. Verkligheten kallas ibland det okända och är inte alltid som man tror i andra delar av den än bara sin egen upplevelse av den. Verkligheten ses ibland som ett mysterium som består av en svår sanning som är svår att reda ut och definiera som gör att den upplevs alltid intressant och spännande som väcker frågor. Fantasi och verkligheten är två olika strömningar i sina sinnen men fantasin ger vingar till upplevelsen av verkligheten. De säger att musiken och upplevelsen av den andliga världen ger själ till universum, flykt till fantasin, vingar till sinnet och mer liv till allt. Swedenborg säger att Gud är den absoluta verkligheten, som är mer sin individuella upplevelse av Gud och verkligheten man delar med andra ibland. Det finns en bok som heter den underbara verkligheten som är intressant som handlar mer om den spirituella upplevelsen av verkligheten. Den som älskar den underbara verkligheten älskar Gud i praktiken för han är starkt med i de underbara upplevelserna av livet och verkligheten. Människor förändras inte av bara tiden utan de förändras mycket av att förstå mer av livet och verkligheten. Verkligheten kan inte förintas men världen kan förintas men verkligheten är alltid en del av paradiset i en annan form. Nirvana och full frid når man i jordelivet och upplevelsen av allt. Verkligheten finns bara i sina sinnen men som behöver en kropp och en verklighet består alltid av rum tid och materia även om det inte säger så mycket. Man vill alltid ha något att förhålla sig till och uppleva en evighet och

oändlighet där det känns att det finns en gräns för allt men inte allt.
Man brukar säga att världen är virtuell för det finns inget sätt att säga
att den inte är det. Det betyder att alla upplever den både lika och olika
och med bara sina sinnen och upplever det rätta både objektivt och
subjektivt. En virtuell värld är en verklig fantasivärld man kan skapa
mycket själv genom sin inställning till den och vad man gör i den vad
man tar in och ignorerar livet upplevs som en dröm för mig genom
visheten där jag befinner mig i det innersta upplever det otroliga djupet
och att tänka efter egenskapernas och sanningarnas förhållande till
sanningen och gudomen är en stor del av mitt tänkande och förhålla
mig till allt. Det gör det aldrig upplevs tråkigt och overkligt utan något
man alltid fascineras av och väcker intressanta frågor av det kända och
okända. Den sanna verkligheten baseras på ordning, rätt upplevelse av
Ordet och himlarna, jordelivet, sig själv och andra människor i form av
hur upplysta, vackra och lyckliga de upplevs och hur de tar emot och
erfar Herren och hans närvaro och de uppenbarelser han framkallar i
deras sinnen.

Hur jag tjänar på mitt sätt

Behovet av att ha rätt är tecken både på ett vulgärt och himmelskt
förstånd och man är en vulgär och himmelsk människa. Frihet i världen
är mycket att känna sig stark genom att stå ensam och tro på sig själv
oberörd av onda människor och motståndare och fiender. Att fly och
rädda sig från världen innebär att världens åsikter är inte viktiga för en
och man vet att den har fel i mycket. Hemskt att uppleva är att tro att

man inte vet men andra vet och lyssna för mycket på dem. Ingen vet som betyder att man ska tro på sig själv och man vet lika mycket som andra att det är bara en form av politik som präglas av olika åsikter som är subjektiva. Jag märker att jag får olika reaktioner från alla människor jag talar med och nämner olika idéer och tankar jag har om olika aspekter av livet. De tänker olika och liknande är min erfarenhet om allt. Det är så även med de jag har haft kontakt med från himlen. Om man övervinner sina värsta fiender så blir de inte dina anhängare och beundrare av det. De drar sig bara undan och undviker dig av det. Man ska inte bry sig för mycket vad andra människor tänker om dig de tänker inte på dig du är inte viktig för dem. Tankar och vad man tänker kan lösa många problem för de är dem som är ofta problemen.

Att rusa in och söka svar hela tiden i förklaringar för mycket är tecken på svaghet och något man blir galen av då man inte upplever livet som livet längre på bästa sätt. Förklaringar är bara intressanta ibland men inte för mycket av dem hela tiden är inte så bra. För mycket av något upplevs inte bra det spelar ingen roll vad det är. Du kan inte rädda andra som inte vill bli räddade genom att inte överge sin ondska men du kan ruinerna dig själv genom att försöka omvända och övertyga dem och inte respektera deras val. De människor inte är villiga att ta emot kan man inte ge dem. Den som inte förstår begriper ibland inte att han inte förstår som gör att han inte försöker förstå.

Det var en kristen syrian som pratade med mig om Josuas kröning och hur han blev en falsk profet och hamnade i helvetet i stället. Men när han pratade och diskuterade med mig tyckte inte han att jag kändes som en falsk profet genom andarna och av min ödmjukhet och ärlighet. Jag ser mig inte som en falsk profet en del gör. Jag är alldeles för trevlig och genialisk för att klassas som det. Falska profeter beskrivs som rovlystna vargar som är egoistiska bär ingen frukt och förtalar andra människor. Detta stämmer inte in på mig. Men en del falska profeter säger ofta det onda människor vill höra för att söka gunst hos dem och vill att man ska överge det goda och sanna och charmar med ondskan som kan upplevas skön av det. Detta kan man uppleva med mig ibland. Men det är för att gillar uppleva en perfekt balans av ont och gott. Men jag tror inte jag är en falsk profet att jag bara reflekterar men gör inte anspråk på någon absolut sanning om Guds rike. Många upplever mycket genialitet från mig. De säger att profeter säger ofta den sanning människor inte vill höra och blir hatade för det. Detta stämmer in på mig ibland i det jag skriver. Känt påstående från Bibeln är att ingen är profet i sin hemstad eller sitt hemland. Man brukar säga ibland att professorer ibland anses befinna sig på profetnivå genom sin kompetens och kunnande utan vara några profeter.

En upplyst person begär aldrig att de ska tro på dem de visar bara på en väg och poängterar och låter andra komma underfund med det själva. Man slutar aldrig att lära sig för att livet har alltid något att lära och man tröttnar aldrig på det om man är en sökare. Därför slutar jag aldrig på att tjäna genom att undervisa som gör alltid någon glad och mer upplyst. Det fina med det är att lär sig och blir själv mer upplyst av det genom att man upptäcker något nytt av det i sitt sökande. Jag försöker trösta, inspirera och upplysa människor. Jag argumenterar och diskuterar för att lära mig och inte för att vinna men göra framsteg. Problemet är inte bara att finna svaret utan också hur man bemöter det. Jesus fann svaren på allt men var beroende hur människor bemötte dem. Det finns mängder av olika aspekter och infallsvinklar på livet på

olika nivåer man kan belysa genom olika påståenden som är relativa.
Det kan kännas både klokt och omväxlande att variera mellan olika
budskap som ger upphov till både en ordning och en variation som
präglar livet. Livet i världen och i himlen är inte problem som ska lösas
utan verklighet som måste erfaras. Att utföra nyttor är att lösa
angenäma problem som andra och en själv har glädje av.

Falska ord upplevs onda och sanna ord upplevs goda och rätta. Falska
ord infekterar själen och sanna ord läker själen. Falska profeter är ofta
förtalare och anklagare som sprider lögner om andra människor och
klandrar dem. Men sanna profeter är tvärtom att de sprider sanningar
om andra människor och förlåter dem. Det finns en regel som säger att
du är så värdefull eller värdelös som dina tankar och dina handlingar
är. Gott är gott och ont är ont men allt finns i era tankar och
handlingar. Människans största styrka och svaghet är hennes förmåga
att tänka och föreställa sig som upplyser eller bedrar henne. Om man är
sann och ärlig mot sig själv så är man oftast inte falsk mot någon. Jag
ljuger inte för jag fruktar ingen men de som ljuger gör det. Men det är
möjligt att jag undervisar fiender men de kan inte skada mig längre.
Människor är onda och gör sina medvetna val man inte påverka dem så
mycket i utan det är bara att skita i dem och tänka på sig själv och sina
egna val som har ett öde. En del människors liv är fylld med rädsla och
lögner och andra människors liv är fyllt med mod och sanningar. Ibland
kan man uppleva att den onda människan ser sanningen mer som gör
den ond men den goda människan gör det mindre som gör den god och
ibland är det tvärtom. Genier och profeter kan upplevas som åskoväder
som går mot allt och förskräcker människor men samtidigt rensar luften
av det ibland dem. Människor blir mest glada av sanningar som

inspirerar sprider glädje och får dem att skratta men en del sanningar får dem att hata dig. Jag tror människor upplever både ett hopp en inre skönhet och något mörkt av mig som person och det jag skriver. Jag intrycket av en upplyst man som varit med om något mörkt och hemskt att man kan se det på mig men även att Gud verkar i mig. Rävar upplevs både vackra och lömska. Jag är ingen lömsk person men en mycket ärlig person som tänker på en väldigt hög nivå ofta många har svårt att förstå ibland och kan verka bortom. Min rättfärdighet består av att jag ljuger aldrig medvetet dömer ingen och drabbar ingen och lever som en rättfärdig samhällsmedborgare efter de tio budorden. Rättfärdighet innebär att handla rätt och göra rätt för sig. Rättfärdighet är mest värt för Gud och många av sina medmänniskor. Men Gud kan inte hjälpa människor utan sanningen och de att beredda att lyssna och ta emot den. När man skriver något som gör anspråk på att vara en sanning reagerar en del för de upplever inte sanningen av det. Människor gillar sanningar vilket är snälla, vackra och rimliga och som tilltalar dem. Hårda sanningar är både behagliga och obehagliga. Men kan fråga sig vad som är sanningen att den är både subjektivt och objektivt upplevd och det är svårt att definiera den absoluta sanningen som det är att förklara Gud. Men budskapet är att människan kan bara bli fri och räddad av sanningen men många tror de själva står för sanningen som inte är sanningen. Ofta upptäcker man sanningen genom att ställa idéer mot varandra och reda ut vad som är mest rimligt och vackert. Du kan inte översätta hela världen och himlen i bara ord men om du håller dig borta från dem ibland försvinner illusionen av orden och du upplever mer. Ord kan upplevas både begränsande och befriande som gör en både passiv och kreativ. Motsatsen till att det upplevs som en illusion är att det upplevs som en uppenbarelse. Illusion upplevs overklig i sin verklighet men en uppenbarelse upplevs som verkligt i sin verklighet.

Människor blir osäkra om de är rädda för dig och visar man rädsla så blir de rädda för dig också. Både hundar och människor reagerar likadant på det. Respekt baserad på rädsla är inte trevligt. Det baseras mycket på fördomar men man brukar överkomma dem. De som kritiserar och angriper din karaktär och det du skriver och säger är de som fruktar dig mest för att de känner sig dömda inför dig. Men den som vållat sorg ska förlåtas. Att förlåta handlar om att sätta en fånge fri och även inse att du själv var en fånge innan av det. Men en del människor vill inte ta emot förlåtelse att begått något oförlåtligt och känner sig förhärdade av det. Jag anpassar mig och lever inte efter vad världen tänker om mig utan hur jag tänker om mig själv. De flesta ser bara vem du verkar vara men inte vem du verkligen är. Att vara människa är ofta vara pinsam och motsatsen till det och se charmen med det att man är bara människa. Att höra sig själv i en radiointervju kan upplevas så. Frihet är vad man gör oavsett vad man varit utsatt för i livet man måste vara en stark människa för att uppleva friheten fortfarande på bästa sätt. Vi lever i en värld där man måste säga sanningen om och om igen som jag gör men där människor har lätt för att tro på lögner. Tänkandet kan upplevas som samtalet vilket kommer från själen som talar från sig själv. Lögner ändrar aldrig på sanningen och det man störs sig på kommer inifrån och sin egen perception av det. Människor i världen präglas av ett vist tänkande som inte är så djupt för att kunna fokusera på det de gör observerar och upplever. Man kan både bli galen och upplyst av att tänka för djupt hela tiden ibland måste man befinna sig bara på ytan och det man har framför sig och upplever.

En filosofprofet undervisar medelbart med hjälp av ordet olika aspekter av Gud och livet som kan upplevas osammanhängande men en intelligent människa kan placera det i rätt ordning men en dåre blir förvirrad av det och klandrar dig galen för det. Det intellektuella tänkandet upplevs inte för en människa som inte har det själv. När man inte försöker förklara allt i ett inlägg på Facebook att det är införstått så upplevs det kraftfullare är något som jag lärt mig med tiden. Begär ges i uttryck även i att bara föra sin egen talan och att sällan lyssna på andra. Det som förhindrar människor är ofta deras felaktiga åsikter som baseras mycket på godtycke och dåliga källor som baseras på rykten och det världsliga som erbjuder bara viss sanning. Man kan inte argumentera med dem, att de är så övertygade om sina egna övertygelser. Att visa kärlek och vara kärleksfull innebär ofta bara att lyssna på andra och visa förståelse och försöka förstå allt med hjälp av visheten. De i himlen uppnår genom mycket skolning är tolerans och lyssna på andra, för att förstå bättre när man kommunicerar. Detta är mitt intryck av dem när jag har haft kontakt med därifrån. Jag tror många tycker det är intressant och uppskattar det jag skriver att det känns som kanaler från himlen, men samtidigt kommer jag ingenstans med det att jag lyckas förändra världen till det bättre, även om del blir upplysta av det. Jag är ingen Jesus för alla människor jag är bara en upplysningsman för alla människor. Vi är i världen för att lära oss ha himmelskt beteende och karaktär genom att praktisera här som det förekommer i himlen. Förståelse är slutet på allt slaveri men så länge man inte förstår är man förslavad i ett avseende. Man kan vara sin egen lärare i ett avseende att andra kan inte lära en någonting bara få en tänka bättre så man lär sig av det. Oavsett hur bra du är dömer de flesta människor dig efter sitt humör och eget behov. Det onda samhället förlåter ofta kriminella men inte drömmare vilket är idealister och visionärer vilket ofta får en påhittad diagnos och blir betraktade som galna av det. Den dag människan blir Herre över destruktiva nöjen så blir hon befriad från mycket lidanden. Jag strävar att vara fri och flödig i mitt tänkande och solid i min karaktär. Vi får välja och måste välja. Vi är våra val som speglas i oss. Den som står för ingenting faller för ingenting vilket präglar människor som aldrig tar ställning i livet som är ett val i sig. Att bli upplyst innebär att ta ansvar för hela sitt liv och leva det på ett vist sätt. Att bli upplyst är att öka sin förståelse för mycket. Sann mening och syfte kan bara uppnås av en bäst helhet. De säger det blir en bäst helhet av en oändlig mångfald. Jag upplever en form av helvete i mitt liv. Att jag upptäckt sanningen försent och den kan inte uppenbaras på bästa sätt längre att jag kan förhärligas av det som människa och människorna pånyttfödas av det lika bra. Det upplevs relativt kraftlöst och bara som kall vishet. Men det är bättre än inget. Jag kan bara besegra djävulen som ett kollektivt väsen inom människor som präglar deras tänkande genom att vara mig själv sann och ärlig som präglar min natur Gud älskar. Jag får både kritik och beröm för det. En ny värld är bara ett nytt sinne att människor blir präglade av Guds sinne. Kärleken är det enda andrummet man kan få i en värld av kaos. Sanningen är fundamentet att bygga ett liv på. Glädjen över att livet trots allt är värt att leva. Kärleken är den smärta du inte kommer undan och som kan rena din själ. Kärleken är det enda som kan ge din glädje vingar så att du kan bli förälskad i att finnas till.

Om du inte känner det och inte tro på det kommer du aldrig få det. Människor måste tro på mig för att bli räddade och inte förgås. Det innebär alltså följa mig och lära sig av mig som även betyder att följa ingen och lära sig av alla. Genom min genialitet och innehållsrikedom kan människor acceptera min ofullkomlighet som gör mig bara mänsklig och friare i mig själv och uppleva livet som alla andra.

Kännetecknet för det sanna är att det är vackert och rimligt och tilltalar förnuftet. Men det finns ju en sanning om ondskan också och den upplevs inte så skön. För att förstå måste du vara både konstnärlig och kärleksfull. Ibland när jag förstår mig själv på djupet förstår jag andra och ibland uppstår kärlek av det. Att bilda förståndet utan att få ett hjärta av guld är ingen bildning alls att det upplevs bara kallt och tomt i stället för varmt med innehåll. Människan är den enda varelse som känner problem att lösa sin egen existens genom att försöka förklara allt om den och vägrar att bli sitt sanna jag.

Världen kan bli som upplevd järnbur och en form av negativ panteism där man har svårt att tänka och uppleva livet utanför boxen med sina sinnen. Många försöker bara vara kreativa inom världens begränsningar de känner och anpassar sig till. Men genom att erkänna det gudomliga kan det kännas obegränsat i sin kreativitet att uppenbara gudomliga sanningar som är upphöjande oh något som pånyttföder en själv som skapare av dem.

Varför är människor fula och vackra

En del tycker att världen är så ful att det finns så många fula människor i den. Jag frågade en kvinna vad som krävs för att man ska bli vacker i världen och hon svarade att man har de rätta generna. Världen är både vacker och ful och människor är både vackra och fula men i himlen upplevs allt och alla vackra. En del menar att man är bara utkastad i världen och man ska alltså ha lite tur för att bli vacker där. Jag prisar Gud för mycket men en del människor är det väldigt synd om då jag känner att jag förstår mig inte på Gud. Men människor har konsten och musiken i världen för att stå ut med sin egen fulhet och den trista verkligheten man både anpassar sig till och förnekar och drömmer sig bort i en annan värld i sina sinnen när man upplever genialitet i musiken och sann filosofi. Att vara ond och ta avstånd från Gud kan vara att inse Guds ondska och orättvisa i världen men det beror på fördomar, avundsjuka och man känner till den rätt sanning om det som beskyddar Gud. Men de säger att man måste utgå från att Gud är god och försöka förstå han annars får man problem, De flesta vet vad som är fult och vackert att fult är fult och vackert är vackert. Men kärlek kan förvandla det mest fula och ondska kan få det mest vackra att upplevas groteskt. Man kan uppleva att det vackra har låg skenbar komplexitet och det fula hög skenbar komplexitet och skönhet är bara slags andlig gravitation där man efter ett tag inte reflekterar så mycket över det fula och vackra längre och ser skönheten i allt i stället om man gillar varandra starkt och känner sig överens med varandra. Fula människor upplever mer det inre livet och lider inte så mycket av sin fulhet de kompenserar med att ha ett rikt inre liv och liv för övrigt. Det är märkligt att även den mest fula kan vara lycklig och den mest vackra olycklig. Ju närmare man förbinds Herren hur ful man än är desto lyckligare kan man bli av att förstå allt och uppleva livet som han.

Både musiken och filosofi skapar vårt tänkande att vi upplever mer skönhet av dem. Så har ofta min vardag sett ut i min ensamhet jag trivs i när jag känner mig som en halvgud och en profet. Ensamhet kan kännas bra men aldrig rätt i längden. I musiken i mina favoritlåtar finner jag *mitt förstånd och min själ och platser i hjärtat inget annat kan nå. Att ha samma smak i musiken genom livet är som att uppleva förbindelse med själen hela livet. Om de ger intrycket att du är intressant är ett tecken på att de tycker du är snygg om de ger intrycket att du är ointressant är ett tecken på att de tycker du är ful. En del människor älskar sina skavanker och en del hatar dem de kan vara både vackra och fula. Fulsnygga människor kan vara snyggare än bara snygga människor av kontrasten av fult och snyggt vilket ger upphov till starka olikheter. En del fotomodeller som anses vackra har ointressanta utseenden och en del fula människor som upplevs fulsnygga har intressanta utseenden. Halva din skönhet kommer mycket av din symmetri och hur du talar och behandlar andra människor. De som är kåta och kära i dig tycker du är snygg. Ofta tycker man det tittar på ofta har en förmåga att bli snyggare. Väldigt snygga personer kan uppleva att de når det gudomliga av det och spegeln är deras bästa vän som är jobbigt i längden om man speglar sig för mycket. Om man verkligen är snygg är det många som lägger märke till det och visar både beundran och avundsjuka av det som ger upphov till både lidande och glädje för den ovanligt snygge. Man kan uppleva stora orättvisor i det. Jag tycker man ska se det främst som attraktion men det är en självbekräftelse att vara snygg. Halva din skönhet kommer från hur du talar och behandlar andra människor därför kan ganska snygga människor överträffa väldigt snygga människor genom att vara mycket bättre på det. Jag föredrar väldigt intelligenta kvinnor som ser skapliga ut men förstår mig och jag själv får mycket utbyte av dem som beundrar mig främst för min intelligens, än väldigt snygga kvinnor som förefaller ointressanta.*

Min syn är jag tror jag delar med Gud som skapat dem världen och himlen är att de blir mest intressanta och vackra med en oändlig mångfald präglad av dualitet även om man kan se orättvisor i det. Men olikheter finns i allt och det blir en bäst helhet av det. En oändlig mångfald och dualitet är en välsignelse för de upplysta och en förbannelse för de avundsjuka icke upplysta. De upplysta ser det på rätt sätt och de avundsjuka på fel sätt. Men All välsignelse kan bli en välsignelse eller en förbannelse och all förbannelse kan bli en förbannelse eller en välsignelse som med rikedom och skönhet om man utnyttjar dem på fel sätt. Inget är att föredra och värt beundra förrän upplevd rättvisa. Att föredra och beundra något utan upplevd rättvisa känns inte bra men är något man upplever mycket i världen.

Det finns många intressanta påståenden och reflektioner kring skönhet men det räcker att uppleva och höra ett bra yttrande om det än för många om det samtidigt. Jag tror i himlen upplever man ofta skönheten från den uppenbart sanna och det otroliga djupet som framträder på ytan. De säger att kärleken kan förvandla det mest fula. Man kan förstå att det är fult men blir vackert av kärleken och om det har extremt djup vishet man kan bli mycket imponerad av upplevs som ett livets träd alltså ett spännande och härligt liv. Jag tror man skönmålar och intar de drag man vill se med de man djupt älskar vilket är vanligt bland äldre par i världen. Genom ungdomen och att man intar sin skönaste form ger alla i himlen minst ett normalt intryck till det yttre som är vanligast bland människor men är relativt upplevt. Även om inte varje människa är perfekt skapad reflekterar det oändlighet och evighet och något Gud varit delaktig i och kan förbättra.

Att vara ful kan upplevas att vara ovanlig som gör att man kan känna sig vacker av det. Att vara narcissist och känna sig snygg i spegeln och bli bekräftad för det och vara med bara med människor som konfronterar dig minst och tolererar dig mest kan vara en härlig känsla i livet om man har en dröm att förenas med sin drömkvinna i paradiset man tror på starkt. En narcissist vill ofta inte ha en partner utan endast en tjänare och beundrare och den blir först en partner när den befinner sig på samma nivå som narcissisten. Känt är att för Platon var platonsk upphöjd skönhet som är oberoende mycket av det yttre men som har en fin symmetri viktigast att uppleva tillsammans med musiken och upplevelsen av platonsk kärlek och himmelsk erotik.

Någon kommer alltid att vara smartare eller snyggare än dig men de kan aldrig vara du och du kan alltid förverkliga dig genom dina egenskaper och olika former av uppenbarelser. Hur snygg eller smart du än är kan du alltid hitta någon som är snyggare eller smartare än dig. Människan är beroende av viss form absurditet i livet och upplevelse av kontraster och både det som är bra och sämre i det. Livets negativa absurditet kan inte ha ett slut utan bara en början. Den som söker perfektion bara i det yttre kommer aldrig finna den där. Perfektion finns bara lite i det yttre men mest i upplevelserna och hur man känner den som ofta uppstår av extrem lycka. Skönheten upplevs mer när du bortser från dig själv och har en förmåga att bara se dig som många andra ser dig och samtidigt bjuder på dig själv i en beundran av andra i en himmelsk lycka och upplever mycket bara sanningens skönhet som också kan vara extremt skön i alla.

Olikheter kallas av Swedenborg för omväxlingar i en oändlig variation som gör livet intressantare och vackrare när man upplever dem på rätt sätt. Det finns alltså en dualitet och två sidor i olikheter som även präglar visheten och de kan ge upphov till ett motsatsernas spel i sinnet det uppstår skönhetsupplevelser av i en aktivitet präglat av timing där man testar varandra och upplever fullkomligheter av det. Jag tror när man upplever att det verkar från det innersta till det yttersta samtidigt i allt uppstår en perfekt helhet av det som har en oändlig variation som ökar där helheten blir bättre av det. Variationen ökar av att förbindas närmare Herren och kraften då man rör sig inåt och tänker mer invändigt då skönheten och insikten om allt kommer mer inifrån. Jag tror Guds skönhet och perfektion kan upplevas både begränsad och obegränsad.

Skönheten är mycket bara där man finner den. En del människor som Marilyn Monroe och Madonna blir bara snyggare och snyggare ju mer man observerar och upplever dem man även upplever med människor i himlen. Jag skriver om så många olika aspekter av skönheten för att jag vill lära människor att uppleva den på rätt sätt eftersom man kan nå det gudomliga av det. Det handlar om att se och älska olikheter och fullkomligheter lika mycket som Gud. Men det krävs uppvaknande och andliga ögon för att kunna göra det. Allting har skönhet men alla ser den inte. Att se Gud är att uppleva skönhet och perfektion i allt genom stor lycka i livet. Dostojevskis bok idioten handlar om en Kristus liknande gestalt som tror att skönheten kan rädda och frälsa världen. Man kan bli utskrattad eller beundrad av sådana ambitioner. Det största geniet är den som kan uppenbara skönheten i människor som är alltså Gud själv. Han gör det genom att verka i det innersta som uppenbaras och upplevs kraftfullt och vackert i människorna de själva upplever man erfar först i himlen och mycket sällan förekommit i världen. Bara när profeter varit aktiva i gamla tider. Jag resonerar att vara berömd och vacker kan vara bra i världen men klarar sig bra utan det ungefär som att ha och vara utan en chokladask. Man är alltid vacker genom sanningen när den uppenbaras på rätt sätt och är mer berömd i himlen som är den riktiga världen. Jag tror det fula kan upplevas extremt vackert mycket genom extrema former av uppenbarelser och känslor som är svårt att föreställa sig helheten av man upplever först i himlen. Som jag tolkar det att Jesus budskap är att kärleken och visheten ska övervinna fulheten och kan förvandla den i både världen och i himlen. Skönheten kan upplevas vara allting eller ingenting i en dualitet man upplever från och till i livet. De säger den vackraste skönheten är den som strålar inifrån ansiktet och ut från livsglädjen i ungdom lite vackrare till det yttre i starka känslor när man återförenas i himlen.

Sitt öde i livet

Rikedom är inte bara pengar utan främst härliga upplevelser och erfarenheter som utvecklar en som människa och gör en mätt på livet i världen som ser fram mot livet i himlen. Predestinationen går ut på om det går för dig i livet så är det tecken på att du är utvald. Men Swedenborg säger att det finns ingen predestination och att förutbestämmelse är vidrig då Gud ej kan klandra människan längre. Han menar att alla kan omskapas och pånyttfödas och inget är förutbestämt men vi påverkar vårt öde genom våra val och vad vi tänker och hur vi tänker. De som tar Guds chanser och de möjligheter som finns i samhället erbjuder brukar få rätsida på sitt liv. Många människor har Gud naturen och staten att tacka för hela sin existens i världen. Att säga och inse om sig själv att man inte är en bra men hygglig människa är en form integritet och skönhet. Bättre att tänka rätt och handla rätt än att offra sig för lite. Himlen präglas av att handla och tänka rätt men inte offra sig.

Jag är inte rädd för att bli gammal och vill uppleva en bra tid som det i världen. Men den åldrande kroppen kan upplevas som en börda för själen. Fördelen med att bli riktigt gammal är att man har ingen framtid i världen och känner av kontakten från den andra sidan som känns både befriande, spännande och tar bort rädslan från döden. En del gamla människor som läser många böcker blir som jordiska änglar som är synonymt med himmelska människor vilket tillhör himlen. De tyngsta bördorna är tankarna i våra liv som handlar om det varit med om utsatt för i livet när vi känner oss drabbade av det. Man måste glömma det och leva i nuet och se framåt och se fram mot som väntar i framtiden. Att dö är ingenting men att inte leva och känna att man inte lever är hemskt. Att dö till det kända och okända är att bli levande om man är frälst. Att dö om man tror på himlen och evigt liv är som att byta rum och få en ny klädnad och inträda en ny värld.

De kristna älskar lammet hos Jesus som Guds får och hedningarna älskar Jesus som ett lejon som lärjungar av Honom. Både Jesus och Swedenborg är inriktad främst på att hjälpa människor som lider av helvetiska tillstånd. Känt att friska behöver inga läkare. De som är lyckliga och lever bra liv väl kommer till himlen vare sig de tror det eller inte och vill inte höra så mycket evangelium att de blir bara irriterade av det att de vill uppleva livet i stället. Men de som är nära avgrunden mentalt riskerar att hamna i helvetet. Men det finns läkedom för dem. Visa ord kan vara som balsam för själen som elaka ord kan vara som hullingar som kan göra stor skada.

Tankar om paradiset

Även i himlen upplever man en tendens av en gudomlig komedi och tragedi att det är alltid allvar och lite lek i livet. Livet upplevs som en dröm för den vise ett spel för den smarta dåren en komedi för den rike och en tragedi för den fattige man kan uppleva synteser och dualiteter av både i världen och i Himlen där man testar varandra hela tiden från och till samtidigt som man utför nyttor och upplever sina egna och andras fullkomligheter.

Gud gillar bara nyttig och sann vetenskap men det finns mycket falsk och onyttig vetenskap i världen. Gud är sann levande och skapar inget onyttigt. De säger att himlen är sant och levande rike som är ett nyttornas rike. En god värld måste alltid vara präglad av lite utveckling tro jag främst genom nyttig bearbetning för att den ska upplevas intressant och meningsfull. Utforskandet och anpassa sig rätt är det högsta spelet i ett avseende. Men en värld upplevs inte bra när utvecklingen går för fort framåt då man inte hinner med att förstå allt att man grips lite av panik av det och det känns främmande. Med kontroll och rätt upplevd frihet och liv upphör paniken.

Sann generositet inför framtiden visar sig i nuet och den nytta människor utför i sitt liv och omgivning. Alla har upplevt tendenser av olika aspekter av paradiset och helvetet inom sig och i det yttre i världen genom hemska och härliga upplevelser i livet och har en dröm och mardröm om det även om de inte kan definiera det. En Swedenborgare sade ju mer man försöker definiera himlen desto *tommare blir det, en bekant tolkade att det inte finns. Att definiera himlen är som att försöka definiera extrem skönhet bara i Ordet som man inte upplever så mycket av det. Man ska inte försöka definiera himlen utan sträva efter att uppleva himlen inom sig i stället. Bäst är om sitt öde leder till det bästa livet i gemenskap med andra människor i en upplevd fest som upplevs kommit rätt och att komma hem där man trivs bäst. Din karaktär kommer avgöra ditt öde där ditt tänkande och förstånd och handlingar är lika viktiga som Gud som bestämmer allt. Man kan uppleva att evigheten är nu som finns i våra själar även om vi kan förklara början och slutet. Evigheten tolererar inte tid men evigheten är samtidigt tid. Andlig frihet uppstår inom människan av kärleken till paradiset och evigt liv som är en härlig upplevd frihet.*

Paradiset får människorna skapa själva med stor hjälp av Gud. Om du blir lycklig av musik kan du uppleva evig lycka av den genom alltid erfara musik. Så musiken är väldigt viktig i paradiset. Ju mer lugn och skön tillvaron är desto mer spännande upplevs den när man är bland andra intressanta människor där man får intryck från andra som man inte kan förutse men man utvecklas av. Kärlek är vad som gör livet så att Herren kan verka och flöda in i den kärleken man upplever med någon. Var lugn och still som uppenbarar hemligheter om evigheten i dina tankar. Det undersökta livet man kan fortsätta undersöka som upplevs intellektuellt och man kan reflektera över allt präglar det bästa livet och motsatsen det sämsta livet. Kunskapens träd som handlar om gott och ont i en obalans beskriver en människa som lever bara av sig själv och inte av Gud. Livets träd handlar om människa som upplever en perfekt balans av ont och gott och lever både av sig själv och Gud i en medvetenhet och upplevd harmoni. En känsla av jämvikt och en perfekt balans och dualitet är inte bara matematik och geometri utan behöver rätt form av psykologi hos människor. Att anpassa sig till Herrens ordning som präglar paradiset är att ha spärrar och inte göra sig skyldig till grova hädelser, annars är man fri i tanken sina böjelser och känslor och i Ordet, och det man gör så länge man inte drabbar någon annan av det. Man kommer till en punkt en del når i livet att aldrig mogna, utvecklas och förändras mer man kan se som ett livsprojekt och uppnå fullkomlighet och kunna börja uppleva livet på bästa sätt. Det är blott i status quo som man kan känna trygghet och glädje. De säger att det handlar om att finna den rätta känslan för livet och allt man sysslar med då man ofta uppnår timing. Känsla är en form av tänkande och tänkande en form av känsla. Att man vad känner för på ett bra sätt speglar ett skönt tänkande.

Många älskar livet solen och visheten och man se Herren som alla tre som är någonting som är ingenting som bara verkar genom själen och sina sinnen. Att erkänna det Gudomliga är att erkänna det härliga av olika väsen livet och inse dess fulla potential man kan uppleva ibland vilket man erfar ofta i himlen. Många filosofer som tror på himlen eller paradiset tror att den måste vara lik vår värld i grunden eftersom Gud skapat den och det finns olika villkor för existensen för att existera som människa. Jag tror det är en sanning att det är genom ditt förstånd, dina sinnen och ditt liv du förändrar din verklighet till det bättre, men varandet kan inte förintas men bilda syntes med blivandet man upplever först fullt ut i himlen. Det vackra med tillvaron är att det lämnar oss med så många frågor som gör oss alltid nyfikna och aldrig oändligt uttråkade. Det är rimligt påstående att sanningen och livet måste levas med naturen om man vill vara människa som kräver en jordklot och en sol. Hemmet upplevs mörkt utan en moder och livet upplevs mörkt utan en fader. Ibland i frånvaron av en fader måste man skapa en själv och ofta går Gud i den rollen hos människor. Himlen kallas att komma hem och är mörkt utan monoteistiskt landskap och livet där upplevs mörkt utan en sol och ett liv Herren uppenbarar sig i. Man kan se den andliga världen som en extremt vacker och levande natur bara med människor som erkänner och upplever den andliga världen. Himmelska människor i paradiset är spirituella, harmoniska, universella, upplysta, milda , ödmjuka, djärva, kraftfulla och upplever livet på bästa sätt som funnit Gud i det de förstår och älskar. Man kan säga att genom att älska naturen lär vi oss älska människor på rätt sätt som var syftet med Edens lustgård och trädgård. De som inte älskar naturen vet inte hur man älskar människor. Naturen är inte bara en plats att besöka det är även ett perfekt hem som vi även kan uppleva med språket och det gudomliga. Känn dina naturliga gränser och lek med dem. Naturen är fallen men kan fortfarande upplevas vacker och härlig i världen men inte som i himlen. Sokrates ser det bästa av det naturliga som rikedom som gör människan lyckligare och lyx som konstlad fattigdom som inte gör henne lycklig. De i himlen lever i enlighet med naturen och sina medmänniskor och bearbetar naturen med bara förädlade metoder som skapar nyttig praktisk kunskap som frälser som har mycket med det uppleva livet att göra där. Naturen är lagbunden, gudomlig, enkel, smart präglad av matematik och kan upplevas identisk med Gud när Han uppenbarar sig. Den ger intrycket att ha inga åsikter om oss men ibland kan en gudomlig makt uppenbara sig och säga vad den tycker om oss.

Någon måste ha rollen som ordningen i himlen annars faller Gudsrike men det behöver inte vara rigid alltså stel att den kan förändras och upplevas flexibel men måste alla rätta sig efter den inom vissa ramar. Man får klara sig själv i världen i ett avseende även om man kan uppleva mycket hjälp och samarbete som innebär både mänskliga rättigheter, krav och frihet och möjligheter och begränsningar och det är likadant i himlen och det är så människan vill uppleva livet. Jag tror man mest lever bara i städer i himlen som präglar även världen som upplevs som mindre världar i en stor värld och ett universum.

Slaveri är när man är helt beroende av andra människors tankar och inte följer sin egen vilja och har möjlighet att vara sig själv. Många av kristendomens idéer och synen på livet i himlen är jättekorkade och Swedenborg har mer rätt men Gud är orättvis, men vill inte att man ser det på det sättet men bekräftar att det är delvis sant. Swedenborg är känd för att anse att kärleken är den dyrbaraste skatten i livet och Gud älskar älskande par i himlen. Jag ser att den största kärleken är när folket blir frälst och förenas med varandra och kärleken mellan män och kvinnor är bara en bonus av det. Jag försöker se det på det sättet att Gud kan verka orättvis i världen men har en långsiktig plan hur allt ska bli så bra som möjligt i himlen som människan inte förstår. Världen upplevs orättvis men den andliga världen upplevs inte orättvis. För att överleva gäller det att lära sig leva på rätt sätt och ha vara präglad av rätt tankesätt och vara överens med Gud som ser och bryr sig om allt och har en plan för allt men intrycket att han skiter i mycket i världen. Men Gud har aldrig bråttom som historien bekräftar.

Jag tror Gud har både en andlig värld för änglar och ett paradis för goda himmelska människor eller så är det samma värld tolkat och beskrivet på olika sätt. Paradis betyder inhägnad trädgård och lustgård som är en idealvärld med bara idealmänniskor som Jesus själv var. Paradis innebär vishet och intelligens som har tyngd prakt och skönhet av sin upplevelse av livet i det. För stora försök att skapa lycka leder ofta till det motsatta. Man skapar inte lycka genom att avslöja himlen i världen att det måste komma inifrån och av sin upplevelse av livet redan i världen. Men paradiset börjar och är alltid en del av helvetet. Lycka kan skapas av att förstå människors positiva sidor och av den aktuella världen man lever i tillsammans och har kontakt med på något sätt genom den andliga världen vi upplever vilket har ett gemensamt medvetande som ett universellt förnuft alla lyssnar på. Någon har sagt att om man lever livet rätt och får vara med om mycket härligt livet kan detta liv vara tillräckligt men det är tragiskt att missa paradiset då många från världen förenas och upplever varandra igen i en gemensam fest. En evig tomhet i helvetet är ingen höjdare då man lever men upplever ingenting och erfar förnuftets omöjlighet. Sanna övertygelser i världen hos människor är vän med Gud, sanningen och paradiset. Det handlar om att det bästa livet ska segra och man har den rätta övertygelsen om det som motsvarar det. Allt som är enligt ordningen i livet tillhör paradiset och allt som är mot ordningen tillhör helvetet. Herren är ordningen för allt i livet. Man kan uppleva att den följer i en viss ordning i både världen och himlen. Swedenborg drömde om att återupprätta det ursprungliga paradiset igen i himlen genom sina läror och menade att det var återupprättat i Gudsrike. Jag ser himlen främst som ett utopiskt drömsamhälle av det bästa från det förflutna och framtiden. Himlen är ett rike för mycket med andra ord och innehålslrikt. Klassiskt är att det är ett rättfärdighetens rike nyttornas rike och egenskapernas rike. Man kan även säga att det är naturens, *fredens, livets, sanningens, skönhetens, musikens, kärleken och vishetens rike och det är Guds rike och ett evigt rike. Man kan ytterligare säga att det är det samhälle och rike som har det bäst för de som har det sämst. Det är tillräckligt att vara tillsammans med de man trivs med och uppleva godheten ,sanningen, musiken , naturen, platonsk skönhet och kärlek och erotik som är något vackert och upphöjt. Gudsrike baseras på det. Begäret att lära känna sig själv och sin egen själ som leder till en högre förståelse leder till ett utslocknade av nästan alla begär utom begäret till den man älskar. En hemlighet med lycka i himlen är att man beundrar vackra kvinnor där utan att känna något begär till dem att skönheten man upplever känns tillräcklig och man känner sig rik genom bara lite begär som ibland leder till fysisk kärlek med dem. Himlen utgörs av samhällen som upplevs som mikrovärldar som städer där människor med likande egenskaper lever och känner sig överens varandra på olika nivåer de uppskattar och tycker är viktigt för dem som förhåller sig annorlunda och olika i varje samhälle och mikrovärld. Eftersom himlen är ett nyttornas rike är allt där förenat med nytta men i världen upplever man så mycket onyttigt. Kunskaper utan praktisk nytta anses värdelös i himlen och ha ingenting med det upplevda livet att göra. Att förneka all värdelös vetande i världen är en form av frihet och upptäckande när man upplever att kunskaper dödar sinnet. Att inte veta kan upplevas som frihet och veta som ett fängelse och tvärtom beroende på vad inte vet och vet och vilka kunskaper man besitter. Människan är rädd för det okända och inte få uppleva det kända som hon erfar härligt. Men man måste få uppleva båda. Kunskaper med den spirituella upplevelsen är däremot berikande. Fakta ska ses ofta som bara tolkningar vilket uppstår av kritik på kritik som har sin rimlighet men är ingen absolut sanning utan en relativ sanning.*

Det är inte svårt att leva ett liv som leder till himlen men det måste göras. Swedenborg tror inte på endast tro utan man måste arbeta ständigt på sin bättring, pånyttfödelse och frälsning som inte upphör i himlen även om man upplever emellanåt fullkomlighet och salighet. Swedenborg säger att den inre striden är nödvändig inom människan för att befria sig från ondskans makt och bli en del av godhetens rike. Ondskans makt har en förvänd ordning men godhetens rike är enligt ordningen av paradisetDen inre striden avtar i himlen och övergår i försoning, frihet och evig lycksalighet där man känner sig överens med Gud och alla människor där på en viss nivå. Man måste erkänna den andliga världen och blir en bättre människa av då man strävar åt rätt håll i livet och blir upplyst av andligt ljus. Det är ett grundkrav annars kan det vara kört om man avlider. Att erkänna den andliga världen har att göra med att man vill uppleva mer av livet är en god människa i grunden som har tro och en förhoppning om något större och bättre som att uppleva en fullkomlig andlig värld man upplever lite i sina sinnen. Att erkänna den andliga världen är inte svårt det är bara att man tänker på den och erkänner den som bara verkar i sina sinnen. Om man inte erkänner den andliga världen Herren genomströmmar kan man aldrig uppleva en andlig värld och livet och naturen på bästa sätt och älska andra människor i enlighet med dem.

Upplevelser i mitt liv utvald av Gud i världen

Jag skriver ibland om mitt liv som bara jag ett fåtal förstår men mycket jag kan skriver kan man förstå och tycka att det låter både rimligt vackert och sant. Jag vet att mitt liv handlar om Uppenbarelseboken som är skriven som skräckroman och min hemstad Norrköping har varit en skådeplats för den. Uppenbarelseboken handlar om vad som händer i hela världen i dess system och på det mentala planet hos människor och förutser hur allt kommer att sluta i en segerperiod. Alla har sin livshistoria men min är unik för den präglas av uppenbarelser från Gud ibland människor där jag varit en profet ibland dem i kampen mot ondskan på det mentala planet. Den sprids vidare till den övriga världen och fick viss uppmärksamhet i början av 2000-talet där framstod som en Messias som föll från sin största härlighet som inte hade så lätt mot världsliga stjärnor som skrev ibland elaka låtar om mig. Det visste inte vem jag var men de märkte jag var utvald av Gud i världen då. Man kan fråga sig vem jag utger mig att vara som är hemligt men känt är att Kristus är Guds hemlighet och det är många som beundrar mig för min genialitet. Man kan fråga sig vart jag vill komma men det handlar om att hjälpa människor finna Gud i sina sinnen och i tänkandet och få dem se fram livets kommande attraktion. Himlen handlar ofta att uppleva varandra i stora sällskap och nå det gudomliga genom skönheten i närvaro av musik i en miljö som präglas av fullkomligheter och kraft i skapelsen som gör att det goda uppstår av det. Man kan uppleva detta lite virtuellt bara i sina sinnen på Youtube från 80-talet i Top of the pops som spelades in från England.

En kompis sade till mig i min ungdom sade att Nitzer ebb är stenhård aggressiv musik och de blir rädda för dig om de vet att lyssnar på dem. Det var mitt favoritband som ung. Jag tror ofta människor som har egna idéer om livet och samhället och är fyllda med hat gillar att lyssna på Nitzer ebb. Genom telepati frågade jag sångaren i Nitzer ebb Douglas McCarthy vem han tyckte var den sexigaste finaste kvinnan i sin prima form i modern tid och han svarade Samantha Fox och jag nämnde Madonna då sade han she is a bitch. Jag tror Nitzer ebb anses lite galna i musikvärlden att de har inte så gott rykte i alla kretsar inom den men en del älskar dem. Douglas McCarthy sångaren i Nitzer ebb tycker Depeche mode är Englands största band i modern tid och del tycker det är New order. Jag vet Oasis tycker det är Beatles och de jämför sig med dem och kände sig lika stora som dem en period som är kanske en överskattning av dem själv. Jag lyssnade mycket på Depeche mode som ung och upplevde dem väldigt bra musikaliskt och även i deras låttexter som handlar mycket om livet kärleken och dess frustration. Jag erfar både ljus och mörker i deras i musik. Jean Paul Sartre är deras filosof som menar att man ska förverkliga sig själv och det är här det enda livet och platsen för paradiset. De med bred musiksmak brukar ha rätt attityd, personlighet och skön syn på allt. Det säger kanske ingenting om en människa men man har ett öppet sinne för musik bara. Men en del menar att musiksmak speglar mer än vad man tror om en människas tänkande och vad den drömmer om och tycker är bra.

Jag har stor tolerans mot ondskan. Det finns skön ondska och avskyvärd ondska för Gud. Jag kan uppleva skön ondska i det sexuella och humor men jag hatar ondska i form av hyckleri, likgiltighet och

byråkrati som hindrar allt och är inte effektiv. Mycket i livet
förekommer i vulgära tillstånd och former eller himmelska tillstånd och
former då det positiva kommer fram i det och man upplever det som
Gud som himmelsk människa. Det finns vulgär sexighet vulgärt förstånd
och vulgärt sex och vulgärt tänkande som präglar allt och en
motsvarighet i det i form av det himmelska. Man kan bli lycklig av att
uppleva varandra som män och kvinnor i en messiansk verklighet med
messianska upplevelser och i samband med det erfara kärlek, musik,
vishet och skönhet i en befrielse från vulgärt sex men bara känna av det
och i stället uppleva himmelskt och gudomligt sex som karaktäriserar
livet i himlen för många där som har möjlighet att uppleva det. Den som
skrattar och njuter mycket upplever mycket lycka i livet. Alla människor
har förmåga att skratta och njuta mycket om de upplever det på rätt
sätt. Himlen beskrivs som ett rike där man upplever mycket glädje och
skratt när man skrattar åt ondskan som var i världen på ett nostalgiskt
sätt som innebär både lidande och glädje.

De flesta tror inte jag är Jesus men tycker jag är en otäck jävel och lik
Bobby Fischer på många sätt att han jag är slags bröder. Det var en
beundrare till han som sade att han var en Gud och han log och
svarade att det är sant. Jag ser mig som en halvgud. Det var någon som
sade att Bobby Fischer är stor men Gud är större än stor han är så stor
att det går inte beskriva eller föreställa sig utan går bara att uppleva.
Jag är präglad av både låg och hög IQ de säger att man tänker och är
skapad annorlunda i båda fallen som har likheter med varandra så en
idiot kan befinna sig på ett genis nivå. Min låga IQ ger sig uttryck i
matematik och min höga IQ hur jag tänker som speglas i det jag skriver.
Men utan logik kan man inte vara vis. Min syn är att matematik är bara

avskalad logik och det sanna ordet är påklistrad logik som har mer med det upplevda livet att göra och ger en mer fullkomlig indriven känsla som indrivna spikar som uppenbarar Gud.

Att håna och bråka med mig är som att håna och bråka med Jahve som människa och de troende judarna vågar inte ens uttala hans namn. Jag är inte så lik den bibliske Jesus men har många egenskaper som speglas i den gammaltestamentliga Guden som är lika arg som han är kärleksfull. Alla som behandlat mig väldigt illa de ska veta att straffet kommer för dem att Herren glömmer inget men har aldrig bråttom. Man behöver inte vara rädd för mig och kan uppleva mycket frihet i mig så länge man har respekt och behandlar mig väl och det är väl så alla människor resonerar inför andra. Jag hatar bara de människor som drabbat mig svårt och varit riktigt jävliga mot mig i mitt liv. Men hat löser ingenting även om det är befogat och man måste lära sig gå vidare i livet och glömma det som varit.

Världens utveckling är negativ i mycket och majoriteten av människor lär sig inte att leva bättre och bryr sig inte om det. Det handlar om att bli visare och leva visare. Men för många är vishet en form av dårskap för dem. Jag fördjupar mig inte så mycket vad som sker i världen bara ytligt för att det påverkar mitt liv och allas liv i någon mån. Man kan säga att jag lever livet genom livet mycket i den andliga världen och bara lite av den naturliga världen och söker storhet genom musiken, schacket och filosofin kombinerat med rätt syn på allt. Det är svårt att förändra världen man kan bara förändra den genom att förändra sig själv som ofta påverkar hela omgivningen som lägger märke till det om man blir en Gudsman av det. Jag är skadad i livet att ofta kommer sjuka tankar i min hjärna en del kan uppleva genom telepati med mig och de i himlen jag har kontakt med jag försöker avlägsna och hantera som en trädgårdsmästare. De säger att kvaliteten på dina tankar avgör din livskvalitet. Buddha menar att du blir vad du tänker på. Människor i världen är grymma, avundsjuka, egensinniga, likgiltiga fördomsfulla, okunniga, högmodiga. Gud hatar ofta människor men älskar de vilket är som änglar. Människor som får nåd och kommer till himlen har en förmåga att förvandlas och bli som änglar som människor men inte så ofta så länge de lever i världen. Man kan upplevas som en härlig och speciell person och även en otäck jävel för en del hemska människor om man förstår och ser igenom allt på en nivå som inte andra människor förstår och ser igenom. Det kallas att man har silverblicken alltså Kristusblicken på allt genom sina andliga ögon som upplevt ett uppvaknade. Jag kan upplevas så liten och så stor inför andra människor. Men Karl Marx skulle säga att jag tillhör trasproletariatet. Jag är klasslös men tillhör den högsta klassen som kung min vishet gör mig till och den roll jag fått från Gud inför människor i världen och i himlen.

Slutreflektioner

Människor strävar för eller mot Gud men efter likadan form där Gud upplevs som bara kärlek och vishet och en kraft bakom allt och livet självt. Alla upplever sanningar och lever livet genom livet men är onda eller goda människor som upplever tvärtom med varandra som fiender och motståndare till varandra som slags demoner och änglar genom sina andeväsen som störs sig på varandra. Men vishet är både värdefull och värdelös som man upplever med kärleken och livet man bara pratar om och beskriver men inte upplever. Det är först när man känner att man upplever något som man bekräftar det som leder till att man älskar det och börjar leva efter det. Jag tror språket både befriar och begränsar vårt tänkande. Klassisk uppfattning är att språket fångar verkligheten men upplöses på en gudomlig nivå och övergår bara i förnimmelser. Den klokaste insikten i livet som gör att man tar det på allvar och är på sin vakt är att inse att det kan aldrig hända dig som handlar både om det negativa och positiva i det. Man vet inte vad som väntar en och man kan inte se in i framtiden. Jag har insett med tiden att man kan inte tanka ner sanningen på en gudomlig nivå i andra människors hjärnor att de måste komma underfund med den själva men man kan vägleda dem i det om de visar intresse för det inte alla gör. Vissa svar i livet kan man bara komma fram till själv genom att lära känna sig själv genom att tänka för sig själv man läks av om man tror på sig själv och sin förmåga för det som baseras på att ingen vet någonting i världen på en gudomlig nivå. När det inte upplevs kraftfullt och innehållsrikt upplevs det inte fullkomligt för människor. Mycket av kraften och skönheten kan försvinna med Ordet i världen av inflation och man blir blottad. Men ibland kan man nå höjder bara av vishet om det känns som djup vishet. Även om Gud upplevs fallen och inte har gjort rätt i allt kan han alltid upprätta sig inför människor genom att uppenbara sig. Genom själen är ingen idiot och förstår mycket hon inte alltid har ett språk för att det befinner sig bara på en gudomlig nivå.

Livet är ett mirakel du kan leva som inget är mirakel en andligt död människa upplever det som och en levande människa upplever det som ett mirakel som upplevs magiskt. Man känner korrespondens med allt genom själen man ska vara rädd om genom att frukta Gud och inte drabba andra människor. Existensen finns överallt valet är att existera men existensen har sina villkor jag försöker definiera ibland för att människor ska inse och tro att himlen finns på riktigt och är minst lika attraktiv värld som världen när den upplevs som bäst. Man lever alltid i en fysisk värld och andlig värld samtidigt. Änglar lever mest i den andliga världen och bara lite i den naturliga världen och med människor är det tvärtom. Den andliga världen och den naturliga världen i himlen upplevs mycket härligare och vackrare där vilket är en härlighet och skönhet som är svår att föreställa sig hur man upplever den där trots att man upplever livet i världen genom själen. Alla kan finna något de blir lyckliga av i himlen som många människor kan redan i världen.

Ondskan är feg och hotfull och godheten är modig och fredlig. Ondskan tycker ibland att godheten är fjantig för den är oskyldig och oerfaren men att lita på Gud är modigt och vara beredd att dö för sanningen i alla lägen. Den som dyrkar sig själv bekräftar sig mot gudomliga sanningar och den gudomliga försynen och pånyttföds inte längre. Det var en kvinna som sade att Jesus känns inte som en man eller kille man blir jätteattraherad av att han känns så helig men hon trodde han hade de vackraste ögonen, en del kvinnor smälter för. Men en annan kvinna tror det finns kvinnor som skulle gilla Jesus för hans intelligens renhet och andlighet de själva besitter och att han känns väldigt exceptionell och kraftfull som kan ge ett sexigt intryck genom sin bestämdhet auktoritet som inte kompromissade med onda människor som inte vet vad som är rätt och fel. En människa som upplevs galen som kärleken och sund som visheten och skön som sanningen kan upplevas som en spännande och attraktiv man för en del kvinnor. Jag tror han kände kärlek till kvinnor men tröttnade lätt på många av dem och upplevde han inte hade tid med dem alltid men insåg att kärleken mellan man och kvinna är den dyrbaraste skatten i livet för många andra och även han själv, om han träffar rätt kvinna. En bekant tycker jag överanalyserar och ältar Lasse Hägers påståenden och uttryck för mycket jag kommit i kontakt med. Men de är roliga, fräcka men lite syndiga alltså lite ondskefulla men har sin skönhet. Det syndfria präglas av renheten och det himmelska icke idiotiska och det syndiga av det smutsiga och mörka som inte går rätt till. De flesta tycker det orena och idiotiska är osexigt och föredrar ljuset framför mörkret. Kristna förespråkar en kollektiv rättvisa där man avstår från en del i livet och Swedenborg förespråkar en individuell rättvisa där man kan uppleva allt härligt i livet även i himlen. Jag tror både på kollektiv och individuell anpassad rättvisa. Kristendom känns som en kollektiv slavreligion och Swedenborgs och min lära känns som en individuell frihetsreligion. Kombinationen av religionsfilosofi och naturfilosofi man finner i Swedenborgs lära med så vackra imponerande sanningar i Ordet som har mycket med livet att göra och all den matematik och naturvetenskap som finns i hans lära gör att den blir så vacker bild av livet och även paradiset. Genom Swedenborgs och min lära och våra idéer bidrar med en vackrare livsåskådning och syn på paradiset och världen genom att ta del all vår genialitet och befinna sig i vår komplexa labyrint som ibland kan upplevas vara överintellektuell att den är svår att begripa.

Josef är ett väldigt bibliskt namn och mitt efternamn är en av de första människorna enligt fornnordisk mytologi (Ask och Embla) Herren har varit med mig mitt liv hela tiden och jag har upplevt mycket stormar och fiender i mitt liv men Herren har alltid räddat mig. Någon har sagt att en av Guds hjältar som Josef i Egypten jag känner stark samhörighet med skulle var en av de vackraste männen som levt på jorden. Jag vet *bara att Swedenborg har sagt till mig från himlen att jag kommer bli den snyggaste killen när jag får tillbaka min ungdom i min skönaste form och ser mer symmetrisk ut där. Jag ser mig mycket som en fallen krigare fylld med hat för kärleken och sanningen skull som är lik bara en idealmänniska. Jag känner stark koppling till Swedenborg att jag är uppväxt på Timmermansgatan i Hageby i Norrköping där jag bodde granne en kort period som barn med Johanna Ringborg som jag tror är min tvillingsjäl. Swedenborgs lusthus och trädgård låg på Timmermansgatan i Stockholm som känns som ingen tillfällighet i sammanhanget. Jag känner mig som en Kristus bara på Swedenborgs nivå men inte den bibliske Jesus nivå. Swedenborg och jag har bara en viktig roll med vår undervisning och idéer som är rimliga och vackra som kännetecknar det sanna. Swedenborg tyckte muslimer var bra människor som erkänner Jesus som en stor profet men vanlig människa och ser Herren som en vilket är mest rimligt och lättast att förhålla sig till. I Hageby på Timmermansgatan där jag bodde granne med Johanna Ringborg en kort period som barn bodde även kille ovanför henne som heter Isa Isa och det precis det namnet Jesus har i Koranen. Han kallas Isa där. En stor profet är en människa som känns som en Guds man med djup vishet och upplevs som ett geni men ger intrycket att vara mänsklig och inte fullkomlig på den nivån de kristna ser Jesus på.*

I Koranen står det att man kan inte be till sig själv så Jesus och Fadern kan inte vara identiska som man upplever med far och son som aldrig kan vara helt lika med varandra. Men de säger sådan far sådan son. Det känns friare att bara vara en stor profet men upplevs inte lika fullkomligt och kraftfullt att nästan framstå som Herren som människa. Att stå utanför och uppleva ett utanförskap genom att inte vara som alla andra känns begränsande och inte fullkomligt då man har svårt att komma in i gemenskapen med andra. Att vara på Guds högsta nivå som människa känns för upphöjt att det slår lätt över av det. Gud är Gud och alla människor måste upplevas som människor.

Att bara leva i anden eller köttet blir tråkigt i längden att man behöver uppleva en syntes och dualitet i det i en himmelsk form. Både Judendomen och Islam förespråkar att man ska möjlighet att tillfredsställa köttet lika mycket som det andliga i sig men kristendomen tar avstånd från det helt i sin lära men kristna lever lite köttet i deras liv också. Man ska inte så för mycket i köttet tror jag det handlar om i stället sträva efter och ha möjlighet att uppleva en himmelsk köttslighet som är genomträngd av anden då det positiva kommer fram i det och man uppleder det som Gud i stället som andlig och köttslig himmelsk människa.

En del kristna förespråkar bara agape alltså kärleken mellan människor och Gud och Gud och människor och kärleken mellan varandra bara på en familjär och vänskaplig nivå som bröder och systrar. Men Swedenborg tror både på agape och eros. Eros är den erotiska kärleken som kan upplevas segrande för många och man uppleva den i förening med agapekärleken som kan erfaras vackert. Swedenborg vill inte ge upp allt som upplevs härligt och vackert i världen att det även förekommer i himlen. Men världen upplevs tvåfaldig och orättvis men himlen upplevs fullkomlig och rättvis genom allt man upplever där. Men vad som upplevs rimligt och vackert vilket kännetecknar det sanna upplevs inte rimligt och vackert för en annan människa. Alla ser allt från sina egna perspektiv och möjligheter och inte till andras perspektiv och möjligheter som jag i en himmelsk lycka som innebär att man *uppskattar och upplever andras lycka lika mycket som sin egen lycka fri från avundsjuka, som är något jag inte känner.*

Jag upplever mycket bara sanningens skönhet allt och alla är en del av som också kan vara extremt skön men inte så mycket den bara den yttre skönheten med människor för jag älskar det rättvisa och föredrar inget före upplevd rättvisa man upplever först i himlen. Antikrist är en stor motståndare till Kristus och laglöshetens människa vars ande som finns i världen. Swedenborg säger att antikrist är även likgiltigheten hos människor och endast tro utan goda gärningar hos kristna. Antikrist är alla motståndare till Gud och mig. Swedenborg ser antikrist som ett kollektivt väsen än bara en person i världen i enlighet att alla har chansen och är predestinerade till himlen och ingen till helvetet. Jag tror den bibliske Jesus förespråkar starkt det rena, det enkla, det kraftfulla, fullkomliga, nyttiga, sanna, vackra, det visa och kärleksfulla i en himmelsk köttslighet och liv i anden man kan uppleva ett underbart liv av som kännetecknar livet i himlen präglat av olika former av uppenbarelser som upplevs fullkomliga. Gud har antytt att har sin glädje i mig och Swedenborg och älskar oss lika mycket som sin älskade son fast vi är inga fullkomliga personer. De säger att Swedenborg och jag har 200 i IQ.

En del upplever mig knäpp överintelligent och inte mätbar. Att vara överintelligent upplevs vara något negativt att man för intelligent för sitt eget bästa och man kan upplevas otrolig. Man kan ge intrycket av en enfaldig person många tror inte förstår något men förstår allt genom själen men kan inte visa det genom språket. Man kan se solen och jorden som Guds föräldrar fast han har inga föräldrar. Swedenborg ser Gud som mittpunkten i solen i hans korrespondenslära som visar att allt hänger ihop. Det är en rimlig tanke att Gud bor i sin skapelse och kan upplevas identisk med naturen när han uppenbarar sig och även befinner sig utan tid och rum och lever ett liv vi vet ingenting om. Att tänka och leva efter sanningarnas och egenskapernas förhållande till sanningen och Gudomen man upplever överallt känns fullkomligt för mig då det inte genomlevs inte lika grovt och dunkelt längre på samma sätt. Man ser och upplever sanningarna och egenskaperna mer av det och upplever mer det innersta där Gud finns som kan få positiv effekt på sin upplevelse av det yttre om Gud uppenbarar sig lite av det. Meningen med livet är att finna Gud och leva enligt naturen och sanningar och sina medmänniskor där kärlek och vishet förenas och man uppnår harmoni med allt där man strävar efter att förstå varandra och ha möjlighet att skapa sitt eget liv i gemenskap med andra. Det handlar alltid om andlig och fysisk överlevnad och erfara det man upplever intressant och vackert genom sina intressen och andra människor. Att finna mig är att finna skönheten i mitt tänkande och känna en vänskap med mig av det. Himlen är likt det man drömmer om på jorden. Det betyder att de förverkligar de två buden i himlen Jesus talar om som sammanfattar lagen och profeterna allt handlar om och kan härledas till och man beskriva i olika aspekter och infallsvinklar av. Man måste uppleva det på vackert och intressant sätt Swedenborg och jag har en viktig roll i som hjälpare att livet genomlevs fortfarande vackert och intressant när man förverkligar de två buden. Jag förverkligar de två buden diskret men det får inte så stor effekt för jag är nästan ensam om det i världen. Det är bättre att tänka väl och inte tro på Gud än att tro på Gud men tänka illa. Gud för många kristna är bara ett affektionsobjekt.

Man finner Gud bara genom skönheten i hans tänkande som förenas med skönheten i sitt eget tänkande. Själva livet trots att det är förgängligt i världen att man åldras och allt har sin tid är relativt rättvist om man ser det på rätt sätt. Men världen är orättvis som påverkar mycket livet där. Man brukar säga att Gud är själva livet och Satan är denna världens furste. Det goda kommer från Gud och det onda från satan samtidigt bara från människor. Världen utgörs mycket av fenomenvärlden och alla lagar och regler man måste visa hänsyn till för att inte hamna i trubbel. De som väljer satan väljer endast världen, ondskan och mammon och det begränsade livet och de som väljer Gud väljer godheten och det befriande och eviga livet de upplever redan i nuet i världen. himlen och helvetet finns redan på jorden och är självvalda tillstånd i detta liv och i nästa. De som har himlen inom sig kommer till himlen i andra livet och de som har helvetet inom sig kommer till helvetet. Det finns lika många olika tillstånd av himlen som goda människor och lika många olika tillstånd av helvetet som onda människor. Men ondska är bara frånvaron av det goda. Så ondska och det goda finns överallt. Kärleken och tungan är en spirituell eld kopplad både till helvetet och himlen och sköna människor kan uppleva en skön dualitet och balans i dem och erfara att paradiset börjar i helvetet och att paradiset är alltid ett litet helvete och ett stort paradis. Det spirituella är en personlig relation med det gudomliga och lära känna sitt sanna jag som innebär ofta lycka som handlar om att få leva det liv man är skapad för.

Jag har aldrig drabbat någon och gör oftast rätt för mig men jag har inte alltid så höga tankar om samhällets regler och lagar och rättar mig mer efter Guds lagar och regler han vill att man ska skrivna i sitt hjärta. Det är mer sexuellt en del klandrar mig för att vara syndig och ondskefull. Men historiken och professorn Dick Harrison som forskat om den bibliske Jesus och skrivit en bok om honom menade att han hade en öppen syn på sex och kvinnor men det är överkurs att uppleva det som han eller jag. Jesus insåg nog att det är skönt att vara kåt och ha sex på rätt sätt och att sexighet och vackra kvinnor är fina grejer man vill uppleva ibland i livet. Det kan upplevas både syndigt och smutsigt och gudomligt och vackert och man kan uppleva en syntes och dualitet av det. Jag tror Jesus föredrog kvinnor som såg skapliga ut men var väldigt intelligenta framför mycket sköna kvinnor som inte är lika intelligenta. Jag tror Jesus älskade främst platonska upphöjda upplevelser man kan uppleva redan lite i musiken som handlar om den andliga världen som upplevs som en väldigt platonsk och upphöjd värld. Eftersom Herren är det upplysta intellektet ska man vara en intellektuell person annars är man inte kristen på bästa sätt. Det innebär att älska de gudomliga sanningarna och leva efter dem. De upplevs geniala och beskyddar och upphöjer gudomen. Man är en icke dömande sökare av det som förbättrar sin förmåga att känna igen det sanna av det som är rimligt och vackert och upplevs kraftfullt och hårt på rätt sätt.

Min syn är att lycksalighet i gudomliga sanningar i förening med ett rättfärdigt liv leder till evigt liv, men endast tro på Jesus gör inte det. Gud skiter i allt och alla men bryr sig om allt och alla på rätt sätt där han vill oss vårt bästa där han accepterar våra val men får ta konsekvenserna av dem. Gud tycker det är värre att förneka än att skita i något. När man förnekar utesluter man det men när man skiter i det erkänner man det och kan förstå det men bryr sig inte om det som även präglar Gud hur han förhåller sig till allt. Man vill alltid leva genom sina intressen i livet. Schack kan upplevas som ett underbart spel som är någonting och även ett skitspel som är ingenting och det är likadant med livet. Man kan alltid spela schack som man kan lyssna på musik att det är en evig strid och evig inspiration och njutning att man kan inte utforska allt i dem som Gud. Om jag inte får spela schack och uppleva musik och andra människor med liknande egenskaper känns inte livet värt att leva. För att förstå himlen förstår du mycket av det genom att redan förstå livet i världen. Himlen präglas av det bästa av det. Jag vill avsluta med att säga lite inspirerande att män blir mer män och kvinnor bli mer kvinnor i himlen och Gud arbetar med våra högsta önskningar. Min tolkning med Bibeln är att den upplevda kärleken och visheten ska övervinna och förvandla allt i himlen då det upplevs både rättvist och underbart av det och man upplever fortfarande många aspekter av livet i himlen som man upplevde i världen. Jesus vägleder och är vägen till Herren men själv är han inte lika stor även om han framstår kraftfull och exceptionell och har rollen som ordningen vilket är i Ordet och styr himlarna i det jordeliv man uppnår full frid i. Målet är att uppnå ett liv utan lidande man lyckas med genom rätt upplysning då man förstår allt och mycket uppenbaras av det. En värld utan hjältar och vackra kvinnor är som en värld utan en sol utan värme, ljus och liv. Om man inte kan leva upp till vara en hjälte eller vacker kvinna kan man alltid vara en gentleman och en fin intelligent kvinna som gör mycket nytta.

Det fula och normala då man varken upplevs ful eller vacker är vanligare än det snygga och det känns inte viktigt för många människor i världen. Sanningens skönhet upplevs överallt och den känns intellektuell och intressant. Det är inte så svårt att definiera skönhet *med det yttre även om alla tycker inte likadant om det vilket är en paradox som kanske pekar på en sanning. Men det är nästan ingen i världen som ser grotesk ut där som i helvetet. Alla älskar Sokrates citat sanningen är alltid skön men skönheten är inte alltid sann och måste vara sann för att upplevas skön för en sann människa. Madonna har rätt att skönheten är mycket bara där man finner den som hör ihop med djup kärlek annars upplevs det neutralt och opersonligt bara*

Jag ser Gud mycket som något skyarna och bortom allt vilket verkar i det innersta och det yttersta samtidigt i sig själv och samtidigt finns i människors hjärtan. Jag gillar det filosofiska påståendet att det finns inget utanför världsalltet samtidigt finns det inget allt. Detta tolkar jag som att rum och tid finns överallt annars känns det svårt att verka och tänka med kunskap och vishet som människa. Gud känns både som ett mysterium och något uppenbart som består av en enkel och svår sanning man aldrig kan definiera allt om. Man måste dyrka Gud i enlighet med det.

Utan passion har ingen lyckats med något i världen. Kärlek, erotik i upplevd passion och mystik tar dig till platser du har aldrig upplevt tidigare i samband med att du börjar erfara den andliga världen i dina sinnen. Både rikedom och det sexuella människor har svårt att avstå i världen om de har möjligheter till dem kan både bli en välsignelse eller en förbannelse för dem eller upplevas som ett mellanting av det. Människor väljer ofta det onda i det sexuella inte för att de upplever det som ont men som en skön ondska de söker lycka i det men det blir ofta misslyckat om det inte är förenat med kärlek och det goda som betyder att det är präglat av förståelse och det känns bra.

Många människor har varit med om både misslyckade och underbara upplevelser i det sexuella och Herren är idén om det perfekta sexet i förening med kärlek. Sex är en del av livet som ätandet både i världen och i himlen men blir aldrig bra med för mycket av dem. Man äter inte kött i himlen som i världen och allt sex där är förenat med kärlek. Man blir vad man väljer och tänker detta är en universal lag som gäller alla. När man ser en människa så speglar det och är ett resultat av allt den valt och tänkt. Men det finns möjligheter att förbättra sig och även försämra sig i det som har med sin karaktär att göra som kommer avgöra ditt öde och din framtid.

Med en ängel kommer alla människans positiva sidor fram dem som formar dem som individer där de upplevs mycket som kärleken och visheten förkroppsligade som människor där kärlek och visheten bildar livet för dem tillsammans med andra änglar. Ängel eller människa det spelar ingen roll det handlar i stället att bli upplyst och uppnå rätt tillstånd och känna kärlek till Herren och ha fortfarande ha möjlighet att bara känna sig som människa och bara uppleva själva livet som är alla kärt som upplevt något härligt och vackert i det.

Det är sant att ingen vet egentligen vad livet går ut på och Jesus ger ett oklart intryck av det även i Bibeln. Min tolkning är att han att menar att det handlar om att uppleva det kraftfullt och enkelt i förening med upplevd kärlek och vishet i grunden som genomsyrar allt där man har fortfarande möjlighet att studera livet på djupet som kan upplevas intressant. Jag tror den främsta vetenskapen i himlen är samtalskonsten och filosofin men det kan även finns många andra vetenskaper där.